참회
-대평화와 대해탈의 길-

김현준 지음

효림

참회 -대평화와 대해탈의 길-

지은이 김현준
펴낸이 김연지
펴낸곳 효림출판사
편 집 강효재

초 판 1쇄 펴낸날 2022년 11월   8일
       5쇄 펴낸날 2025년 10월 14일

등록일 1992년 1월 13일 (제2-1305호)
주 소 서울특별시 서초구 반포대로14길 30, 907호 (서초동, 센츄리Ⅰ)
전 화 02-582-6612, 587-6612
팩 스 02-586-9078
이메일 hyorim@nate.com

ⓒ 효림출판사 2022
ISBN 979-11-87508-81-6 (03220)

값 5,500원

잘못 만들어진 책은 바꿔 드립니다.
이 책은 저작권법에 따라 보호를 받는 저작물이므로 무단전재와 무단복제를 금지합니다.

서 문

30년 전부터 저는 참회에 대한 글을 쓰기를 좋아하였습니다. 그리하여 『참회·참회기도법』, 『참회와 사랑의 기도법』 등의 책을 발간하여 스테디셀러가 되는 사랑을 받았습니다.

그리고 70세를 눈앞에 둔 지난해에, '참회에 대한 글의 결정판을 만들겠다'는 발심을 하였습니다. 그리하여 지난 세월들을 돌아보면서 〈참회합시다〉라는 제목으로 월간 「법공양」에 10회가량 연재하였고, 그 글들을 모으고 다듬어 한 권의 책으로 묶었습니다.

지은 업장을 소멸함으로써 괴로움과 근심걱정 속의 우리를 가장 빨리 대평화와 대행복과 대해탈의 땅에 이르게 하는 방법인 참회!

이 참회의 공덕을 부처님께서는 『대승본생심지관경大乘本生心地觀經』에서 열 가지로 설하셨습니다.

① 참회는 능히 번뇌煩惱의 땔감을 태우고
② 참회는 능히 천상天上에 태어나게 하고
③ 참회는 능히 사선四禪의 낙樂을 얻게 하고
④ 참회는 능히 마니보주摩尼寶珠를 내리게 하고
⑤ 참회는 능히 수명을 금강金剛과 같이 늘이고
⑥ 참회는 능히 상락궁常樂宮에 들어가게 하고
⑦ 참회는 능히 삼계三界의 감옥을 벗어나게 하고
⑧ 참회는 능히 보리菩提의 꽃을 피우고
⑨ 참회는 능히 대원경지大圓鏡智를 보게 하고
⑩ 참회는 능히 최상의 보소寶所에 이르게 한다.

부처님의 가르침처럼 참회를 하면 이토록 큰 공덕이 쌓이거늘, 어찌 업보중생인 우리가 업장을 녹이는 참회를 잊은 채 살아갈 것입니까?

 힘들고 어려운 시절을 만나고 세상이 거꾸로 흘러가는 듯한 상황에 처할수록, 흔들림 없는 신심으로 더욱 열심히 참회를 하며 살아야 합니다. 참회를 통하여 '나' 자신을 맑히고 이 사회와 이 국토를 맑혀야 합니다. 참회야말로 진정한 정화淨化요 수행이요 대평화와 대해탈의 길이기 때문입니다.

 부디 이 책이 참회하는 이들에게 도움이 되기를 바람과 동시에, 이 책을 쓴 공덕을 늘 옆에서 보살펴 준 아내와, 평화롭고 건강하게 살아가는 두 딸, 나의 허물 때문에 힘들어했던 많은 분들, 그리고 이 사바에 몸담고 있는 분들의 대행복과 대평화와 대해탈에로 회향하옵니다.
 나무마하반야바라밀.

불기 2566년 가을 햇살 속에서
김현준 합장

 차 례

제1장 참회의 원리와 공덕

업장과 참회 15
- 참회 속에 깃든 의미 15
- 업장 참회의 핵심 23

참회와 인간의 행복 29
- 가까운 인연을 향한 참회 29
- 참회하면 모두가 편안해진다 37

끝까지 참회하라 46
- 정백린의 참회 46
- 명심해야 할 세 가지 50

차 례

제2장 사참법과 업장소멸

참회와 아상과 절   59
- 아상과 삼독으로 지은 업   59
- 절 참회의 방법   65

염불 참회와 주력 참회   73
- 염불참회법   73
- 주력참회법   77
- 염불과 주력참회의 방법   80

 차례

제3장 오회참법과 자비축원

간단하고 효과 큰 오회참법五悔懺法　　93
- 오회참의 방법　　93
- 참회하며 진짜 사랑을 하자　　103

자비축원의 참회　　109
- 참회기도 잘 성취하려면　　109
- 이타심과 이타행　　114

차례

제4장 이참법과 큰 깨달음

이참법理懺法   125
- 죄는 본래 자성이 없다   125
- 이참으로 중죄를 면하게 한 유마거사   129

대승육정참회와 이참법   137
- 스스로를 되돌아보는 것이 이참법   137
- 대승육정참회   141
- 꿈에서 깨어나라   146

제 1 장
참회의 원리와 공덕

참회는 어렵거나 복잡한 것이 아니다.
"잘못했습니다."
이 한마디 속에
모든 업장을 녹이는 핵심이 간직되어 있다.
정성을 기울여 무조건 '잘못했다'고 하다가
눈물이 하염없이 흘러나오고
마음속의 어떤 매듭이 확 풀리게 되면
진짜 참회가 이루어진다.
정성을 다하여 잘못했다고 참회하면
못 녹일 업장이 없고 못 풀 매듭이 없다.

업장과 참회

참회 속에 깃든 의미

 사람들은 하나같이 행복하고 멋진 삶을 살아보겠다는 뜻을 품고 있다. 그런데 '나는 행복하다. 멋진 삶을 살고 있다'고 자부하는 사람은 몇이나 될까?
 주위를 살펴보라. 거의 없을 것이다.
 과연 행복하고 멋진 삶을 이루려면 어떻게 해야 하는가?
 오늘을 잘 살아야 한다.
 하지만 참으로 묘하게도, 오늘을 잘 살고자 하

면 지난 일들이 오늘을 방해한다. 잘 살고, 힘차게 살고 싶은 마음이 가득하지만, 어제의 일이 오늘의 길을 가로막아 뜻과 같이 나아가지를 못하게 한다.

그러나 포기를 하거나 실망만 하고 있어서는 안 된다. 다시 시작해야 한다. 멋진 삶을 이루기 위해 오늘을 힘차고 아름답게 만들어야 한다.

어떻게 하여야 힘차고 아름다운 오늘을 만들 수 있는가?

오늘을 방해하는 지난날의 잘못된 일들, 지난날의 잘못을 씻어 버리면 된다.

무엇으로?

참회懺悔다. 참회로써 지난 잘못을 녹이면, 새 출발을 멋있게 할 수가 있다. 행복의 문을 새롭게 열 수가 있다.

오늘의 삶을 방해하는 어제의 잘못을 지닌 사

람이 어디 '나'뿐인가? 아니다. 대부분의 사람들이 다 그러하다. 그러므로 용기를 내어야 한다. 용기를 내어 참회를 해야 한다.

정녕 새 출발을 하거나 행복한 삶을 이루고자 할 때는 참회부터 하는 것이 좋다. 지난날의 잘못을 참회로 녹이면 새 출발을 능히 잘 할 수가 있다.

그럼 '참회懺悔'라는 글자 속에 담긴 뜻은 무엇인가?

참회의 참懺에는 '지난날의 잘못을 반성한다', 회悔에는 '앞으로 잘못을 저지르지 않고 잘하겠다'는 맹세의 뜻이 깃들어 있다.

곧 참회에는 참괴慚愧의 뜻이 포함되어 있다. 이때의 '참慚'은 스스로가 지은 죄를 부끄럽게 여기면서 '잘못했다. 다시는 하지 않겠다'며 반성을 하는 것이요, '괴愧'는 다른 사람을 향해 '잘못했습니다. 다시는 그렇게 하지 않겠습니다'고 하는 것이다.

부처님께서는 이 참慚을 통하여 '수치와 염치를 알아서 선한 마음을 기를 수 있게 된다' 하셨고, 이 괴愧를 통하여 '악의 유혹을 물리칠 수 있다'고 하셨다.

이 참괴의 뜻을 품고 있는 참회를 한마디로 줄이면, '과거의 잘못을 뉘우치고 멋진 미래를 여는 일'이다.

나와 주위의 참된 행복을 위해 과거에 맺은 매듭들을 풀고, 푼 것을 더욱 원만하게 이끌어서, 지금 이 자리를 행복하게 바꾸어 놓는 묘법이 참회인 것이다.

행복하게 살기를 원하고 뜻대로 이루기를 원하고 걸림 없이 살기를 원하는 우리. 그런데도 우리는 사바세계娑婆世界에 태어났다.

우리가 태어난 이 사바 속에는 감인堪忍과 회잡會雜의 뜻이 깃들어 있다. 곧 우리는 '참지 않고서는 살 수 없는 감인세계'에 태어났고, '잡된 인연에 결박되어 살아가야만 하는 회잡세계'에 태어났다는 것이다.

무엇 때문에 이렇게 된 것인가? 부모를 잘못 만나서인가? 시대를 잘못 만난 탓인가?

이 물음에 대해 부처님께서는 '업業'이라는 한 글자로 답을 하셨다. '지은 업대로 이 세계에 태어나서 받고 있다'고 하셨다.

하지만 스스로가 전생에 맺은 업은 눈에 보이지도 않고 느껴지지도 않기 때문에 수긍하려 들지를 않는다.

수긍하지 못하는 것. 이것은 당연하다. 그렇지만 한 가지만은 수긍해야 한다. 눈에 보이지 않는 전생의 업이 지금 우리가 느낄 수 있는 현생의 업보보다 훨씬 크다는 것은 잊지 말아야 한다.

　불교에서는 전생에 지은 업과 현생에 지은 업이 현생의 과보에 작용하는 비율을 9：1 정도로 보고 있다. 마치 빙산의 대부분이 물속에 가려 있듯이, 보이지 않는 전생의 업이 감지할 수 있는 현생의 업보다 훨씬 영향력이 크다는 것이다.
　누구든 세상을 살다 보면 억울한 경우에 처할 때가 있다. 그래서 한탄을 한다.
　'나는 별 잘못 없이 살아왔는데 왜 남들보다 못사는 것인가?'
　'왜 나와 우리 집안에만 시련과 아픔과 불행이 찾아드는 것인가?'
　그러나 이것은 하늘이 준 것도 아니요 남이 준 것도 아니다. 지나간 많은 생애 동안 내가 쌓은 업 때문이요, 매듭 때문이요, 빚 때문에 생겨나는 불행이다.

원인을 알 수 없다고 하여 그냥 원망만 할 일이 아니다. 눈에 보이지 않는다고 하여 자포자기할 일도 아니다.

전생에 맺은 빚과 죄업이 크면 클수록 현생의 불행이 큰 법이요, 불행이 크면 클수록 정성 깃든 참회를 더 하면 된다.

정성을 다해 참회를 하면 녹이지 못할 업장이 없건만, 사람들은 참회를 하지 않고 신세 한탄만 한다. 그리고 어떤 이는 '잘못을 범하지 않았다'며 오히려 자신의 죄 없음을 강조한다.

하지만 자세히 자신을 관찰해 보라. 전생은 모른다 쳐도, 지금 이 생애만이라도 되돌아보라. 평생 동안 몸과 말과 생각으로 알게 모르게 지은 죄가 어찌 적다고 하랴?

공연히 드러누워 있다가 단지 싫다는 감정 때문에 그 어떤 사람이 사라져 주었으면 하는 생각을 일으키기도 하고, 무심코 내뱉은 말 한마디로 상대방의 가슴에 못을 박는 일도 많이 있었을 것이다. 또, 물질로나 몸으로 심심찮게 잘못을 범하면서 살아왔을 것이다.

  이렇듯 현생에서 짓는 죄만 하여도 가히 헤아리기 어려운데, 전생의 업까지를 더하여 보라. 그야말로 한량없는 죄업이라 하지 않을 수 없을 것이다.

업장 참회의 핵심

 그렇다면 어떻게 하여야 그 죄업을 녹여 없앨 수 있는가?

 오직 스스로 참회하는 수밖에 없다. 내가 지은 업이니, 나의 참회가 가장 앞서는 것이 마땅하지 않은가!

 나의 참회야말로 나의 업을 녹이는 가장 빠른 해결책이다.

 이제라도 마음을 다해 참회해보라. 업장이 구름 걷히듯 사라지게 된다.

 그렇다면 참회는 어떻게 하는 것인가?
 참회는 어렵거나 복잡한 것이 아니다.
 "잘못했습니다."
 이 한마디 속에 모든 업장을 녹이는 핵심이 간

직되어 있다.

  정성을 기울여 무조건 '잘못했다'고 하다가, 눈물이 하염없이 흘러나오고 내 마음속에 있던 그 어떤 매듭이 확 풀리게 되면 진짜 참회가 이루어진다.

  정성을 다하여 잘못했다고 참회하면 못 녹일 업장이 없고 못 풀 매듭이 없건마는, 간사하고 이기적인 마음을 지닌 사람들은 진정한 참회보다 업장 회피를 위한 참회를 하는 경우가 많다.

  '나에게만은 나쁜 과보가 덮치지 않았으면' 하는 마음으로 참회를 하는 것이다.

  이렇게 참회하면 진참회眞懺悔를 이룰 수 없다. 그럼 어떻게 해야 하는가? 다가오는 업보로부터 도망치겠다거나 회피하겠다는 생각을 버리고 기꺼이 받겠다는 자세로 임해야 한다.

'불보살님의 대자비 속으로 들어가 정성껏 참회하리라. 그러나 참회로도 녹이지 못하는 업이라면 기꺼이 받겠다.'

이와 같은 마음가짐과 자세로 참회기도를 해보라. 진참회를 이루어 업장 소멸이 더욱 빨리 이루어진다.

'알든 모르든 내가 지은 잘못에 대해, 참회로써 용서를 구하고 기꺼이 받겠다'는 자세로 꾸준히 참회하는데, 어떤 업장인들 풀리지 않을 까닭이 있겠는가? 그러므로 이러한 자세를 마음에 새겨, 지금의 업장과 다가오는 업장들을 풀고 녹여야 한다.

"잘못했습니다. 잘못했습니다. 잘못했습니다."
"제가 지은 죄업들을 모두 참회합니다."
"제가 꼭 받아야 할 업장이라면 기꺼이 받겠습

니다."

 이렇게 진심으로 잘못을 참회하며 업장을 소멸시키다 보면 차츰 마음이 고요해져서, 괴로움이 다가와도 휩싸이지 않게 된다. 그리고 스스로의 마음속에 있던 원망스러운 감정이나 미워하는 생각들이 점차로 옅어지면서, 저절로 진실된 삶과 맞아 들어가는 생활을 할 수 있게 된다.
 이 단계에 이르면 죄업에 대한 과보를 받고 받지 않고는 문제가 되지 않는다. 그릇된 업은 저절로 풀리면서 새로운 선업을 이루고, 악연들은 좋은 인연으로 바뀌게 된다.

 잡된 것으로 얽혀 있고 참지 않고서는 살아갈 수 없는 이 사바세계에 살고 있는 우리들에게, 무엇보다 중요한 것은 '업장이 다가온 바로 지금 이 자리에서의 참회'이다.

'지금 이 자리'는 과거의 맺힌 업을 푸는 것과 동시에 새로운 업을 맺는 순간! 따라서 바로 이 순간에, 맺힌 업을 풀고 푼 업을 더욱 원만하게 가꾸어 갈 수도 있고, 새로운 악업을 맺어 더 나쁜 상태로 몰아갈 수도 있다.

맺느냐? 푸느냐? 이는 오직 지금 이 자리에서 내가 어떻게 하느냐에 달려 있다.

그런데 눈앞의 편안함이나 이익만을 생각하여, 다가온 좋지 않은 업을 '싫다'고 하면서 눈앞의 일을 상대적인 감정과 자존심으로 해결하려 하면 과연 어떻게 될까? 오히려 매듭만 더욱 늘어날 뿐이다.

문제가 생기면 이기적인 나를 비우고 무조건 참회해 보라.

'잘못했습니다.'

이 한마디가 참회의 시작이요 운명 변화의 시작이다. 진심으로 참회하고 기꺼이 받고자 할 때 모든 것은 풀린다.

참되고 복되고 평화로운 삶! 이것은 진정으로 참회하고 기꺼이 받고자 하는 마음이 결정한다는 사실을 잊지 말아야 한다.

'보이지 않는 업'이라 하여 이 순간을 함부로 하지 말고, 지금 이 자리에서 기꺼이 참회를 하여, 정말 멋지고 자재로운 삶을 영위하기 바란다.

참회와 인간의 행복

가까운 인연을 향한 참회

앞에서는 참회와 업장과의 관계에 대해 이야기하였고, 여기에서는 참회와 인간의 행복에 관해 논하고자 한다.

사람들은 자기가 지은 잘못에 대해 쉽게 잊어버린다. 자기를 보호하고자 하는 자기애自己愛를 발휘하여 죄의식들을 벗어버리기 때문이다.

그리하여 잘못한 것은 망각한 채 전도된 몽상〔顚倒夢想〕 속에서 살아간다. 곧 깨고 나면 허망하기 짝이 없는 꿈속과 같은 생각 속에 깊이 빠져 살아가는 것이다.

남편과 아내의 일을 예로 들어보자.

가령 남편이 바람을 피워 아내에게 마음의 상처를 준 일이 있었다고 할 때, 남편은 과거의 잘못을 자기애와 현실의 일 속에 묻어버린 채 생각을 한다.

"지금 아내에게 잘해주고 가정을 위해 열심히 살고 있으니 나는 괜찮은 남편이다."

이렇게 전도顚倒, 곧 바로 보지 못하는 잘못된 견해로 착각을 하면서 살아간다.

하지만 아내의 마음에는 응어리가 있다. 혹여나 관계가 잘못될까 두려워하여 겉으로 말하거나 표현하지 못한 채, 마음의 상처를 안으로 묻고 또 묻으면서 살아간다.

묻어두면 그것이 무엇으로 바뀌는가? 한恨으로

바뀐다.

 남편의 착각과 아내의 두려움, 남편의 전도몽상과 아내의 한이 서로서로 인因과 연緣이 되어, 잘못을 뉘우치지도 한을 녹이지도 못한 채 살아간다. 언제 폭발할지 모르는 폭약을 품고서….

 부부만이 아니다. 부모자식 사이, 친구 사이, 남녀 사이, 직장 동료 사이에도 마음 맺힘의 상태로 살아가는 경우가 참으로 많다.

 그럼 이러한 맺힘들을 녹이려면 어떻게 해야 하는가?

 어려운 것이 아니다. 참회를 하면 된다. 대화를 하면 된다. 대화를 하기가 힘들면, 상대방 모르게 나 혼자 하는 참회만이라도 하면 된다. 둘 중에 참회는 꼭 해야 한다.

 참회를 하면 한이 풀린다. 자기애 속에서 잘못을 잊은 채, 나 혼자만의 꿈속에서 살고 있던 전도몽상顚倒夢想에서 깨어날 수가 있다. 참회를 하여야만 잘못과 응어리진 한을 녹일 수가 있다.

실제 있었던 예 하나를 들어 보자.

❁

오래전에 청담스님(1902~1971)께서 한 편의 이야기를 들려주셨다.

청담스님의 신도 중 월남전에 참전하고 돌아온 육군 중령이 있었는데, 결혼 적령기를 놓쳐 40세가 넘어서야 결혼을 하게 되었다.

그런데 묘한 일이 일어났다. 낮에는 아내가 그토록 사랑스럽고 아름다운데, 밤만 되면 아내가 무섭고 으스스하게까지 느껴지는 것이었다. 목숨을 내건 전투에 무수히 참여했던 중령이었지만, 잠자리는커녕 아내가 있는 방에조차 들어갈 수가 없었다.

매일 밤, 아내의 방 주위를 맴돌며 고민을 하던

그는 차츰 야위어갔고, 마침내 청담스님을 찾아가 속사정을 털어놓았다.

"아내와는 과거 전생에 맺은 원결怨結이 있는 모양이오. 아내에게 참회하시오."

"어떻게 하면 됩니까?"

"한밤중에 잠자고 있는 아내를 향해 세 번 절을 하고, 입으로 관세음보살을 외우면서, 마음속으로 '내가 잘못했습니다, 잘못했습니다' 하시오."

청담스님 앞에서는 "예"하고 돌아왔지만, 그는 도저히 수긍이 되지 않았다.

'젠장! 잘못한 것도 없는데 마누라한테 절을 하라니. 내가 미쳤나? 안 한다.'

이렇게 자존심을 세워 보았지만, 밤늦도록 잠이 오지 않아 아내의 방문을 열고 살며시 들어갔다. 그리고 새근새근 잠자고 있는 아내를 향해 절을 한 번 했다. 그러나 '잘못했습니다'라는 말을 하려다가 왠지 쑥스러워 방을 나와버렸다.

이튿날도 그다음 날도, 그는 아내의 방으로 들어가서 절을 한두 번씩 꾸뻑꾸뻑하고 관세음보살을 우물우물 외우다가 쫓기듯이 나왔다.

 약 10일이 지났을 무렵, 습관적으로 아내의 방으로 가서 절을 하였는데, 문득 말할 수 없는 설움이 복받쳤다.

 '내 신세가 어쩌다가 이렇게 되었는가? 친구들은 모두 아이 낳고 재미있게 사는데, 병신도 아닌 나는 어찌 이렇게 지내야 하는가?'

 그는 눈물이 쏙 빠질 것 같은 심정이 되어 잠들어 있는 아내를 향해 울먹이며 말했다.

 "여보, 내가 잘못했소. 용서하구려."

 그런데 이상한 일이 일어났다. 깊은 잠에 빠져 있던 아내가 한숨을 푹 쉬며, 답하듯이 잠꼬대를 하는 것이었다.

 "휴, 잘못했다니 할 수 없지."

 그날 이후 모든 것은 바뀌었다. 밤이 되어도 아

내가 무섭기는커녕 그렇게 예뻐 보일 수가 없었다.

마침내 두 사람은 찰떡궁합을 이루며 아기도 낳고 행복하게 살았다.

§

우리 주위를 살펴보면 이 중령 부부가 겪었던 것과 같은 인연들이 예상 밖으로 많다. 결코 좋은 인연이라 할 수 없는 일들이 가까운 사이에서 자주자주 일어나고 있다.

왜 자주 일어나는 것인가?

우리가 지은 보이지 않는 업은, 볼 수 있고 느낄 수 있는 업보다 훨씬 크고 많다. 그리고 부부 또는 부모자식이 되는 것은 천생만생千生萬生의 깊은 인연이 있기 때문에 맺어지는 것이라고 한다. 어찌 과거 생의 그 많은 시간 동안 서로가 상처를 주고 얽어맨 일들이 적다고 하겠는가? 그래서 좋지 않은 일들이 자주 일어나는 것이다.

그러므로 오늘의 인연을 귀하게 생각하며 소중히 가꾸어 나가야 한다.

만약 가족 또는 가까운 사이에 관계가 좋지 않고 알 수 없는 장애가 있으면 무조건 참회해 보라. 또한 지난날을 돌이켜 보다가 잘못되고 후회스러운 일이 떠오르면 간절히 외쳐 보라.
"잘못했습니다. 정말 미안합니다."
이렇게 마음을 모아 진심으로 참회하면 저절로 매듭이 풀어지고 원만한 사이로 바뀌게 된다. 전도몽상 속에 빠져 있던 업장과 눈에 보이지 않는 업장들을 참회로써 모두 녹여야, 악몽에서 깨어나 행복하고 자유로운 삶을 누릴 수 있게 되는 것이다.

참회하면 모두가 편안해진다

 이제 조금 더 큰 참회 이야기를 해보자.
 나는 처음 코로나19가 생겨났을 때 아주 오래 계속되지는 않을 것이라 생각했었다. 그런데 시간이 지나자 확산 속도가 더욱 빨라졌고, 개발된 백신을 맞았는데도 점점 더 센 변이 바이러스가 나타나 많은 이들을 두려움에 떨게 하였다.
 왜 이렇게 변이 바이러스들이 거듭거듭 나타나는 것일까?
 새로운 변이 바이러스가 생겨나는 데는 눈에 보이지 않는 여러 가지 이유가 있겠지만, 그 까닭 중에 가장 큰 것은 참회할 줄 모르는 사람들의 태도에 있다는 것을 되새겨 볼 줄 알아야 한다.
 잘못 살고 있는 인간에 대한 경고로 나온 전염병을 대하면서도 잘못을 참회하기는커녕, 양쪽으로 편을 나누어 서로를 비방하는 정치권, 보조금과 보상금 등의 돈으로만 국민을 달래려고 하는 각국 정부들, 경쟁적으로 검증되지도 않은 기사를 보도하여 양은 냄비처럼 온 세계를 들끓게 하는 일부 그릇된 언론매체들, 자유가 없어졌고 답답하다며 탓을 하고, 불평불만과 두려움 속에서 더욱 이기적으로 변해가는 사람들….

그러니 대우주법계의 경고를 무시하는 인간사회에 어찌 변이 바이러스가 계속해서 생겨나지 않겠는가?

이때 필요한 것이 참회이다. 인간들의 잘못에 대한 참회이다.

우리는 참회해야 한다. 진정으로 참회해야 한다. 참회를 하면 녹는다. 참회를 하면 어떠한 어려움도 능히 극복할 수 있다.

생명의 최소 단위인 바이러스는 모든 존재와 연

결고리를 형성하고 있다. 일즉일체一卽一切 일체즉일一切卽一, 하나가 곧 일체요 일체가 곧 하나이다. 일중일체一中一切 일체중일一切中一, 하나 속에 일체가 있고 일체 속에 하나가 있다.

절대로 잊지 말자. 인간의 삶을 경고하는 바이러스는 인간이 참회할 때 사라지고, 인간이 참회할 때 진정한 백신이 나오게 된다는 것을! 인간사회의 그릇된 사건들과 잘못된 업보는 인간이 참회를 할 때 사라지고 녹아내린다는 것을!

❁

참선도량과 참회도량으로 유명한 전라북도 부안군 월명암月明庵에는 월인月印(1910~1999)큰스님이 계셨다. 평생을 참선수행에만 몰두하며 사신 스님은 1980년대 중반에 월명암의 선원이 완공되자 조실로 추대되었다. 스님은 월명암 선원의 첫 결제에 참여하기 위해 찾아온 10여 명의 선객禪客

들에게 권하였다.

"우리가 세속에서나 절집 안에서 알게 모르게 지은 악업惡業들을 소멸시키지 못한다면 어떻게 성불을 바라볼 수 있겠는가? 이번 여름 안거安居가 끝날 때까지 참선수행과 함께 십악참회十惡懺悔를 하도록 하자."

일반적으로 참선정진만을 중요시하는 선원에서는 아침저녁으로 올리는 예불조차도 생략하고 죽비소리에 맞추어 3배의 절만을 한다. 따라서 십악참회를 하자는 조실스님의 말씀은 매우 이례적인 경우였으나, 대중들은 반대를 하지 않았다. 그날부터 3개월 동안 월명암 대중들은 십악참회를 외웠다.

살생중죄 금일참회 殺生重罪 今日懺悔
투도중죄 금일참회 偸盜重罪 今日懺悔
사음중죄 금일참회 邪婬重罪 今日懺悔

망어중죄 금일참회　妄語重罪 今日懺悔
기어중죄 금일참회　綺語重罪 今日懺悔
양설중죄 금일참회　兩舌重罪 今日懺悔
악구중죄 금일참회　惡口重罪 今日懺悔
탐애중죄 금일참회　貪愛重罪 今日懺悔
진에중죄 금일참회　瞋恚重罪 今日懺悔
치암중죄 금일참회　癡暗重罪 今日懺悔

 이렇게 짤막한 십악참회문을 외웠는데 참으로 신기한 일이 일어났다. 그 3개월 동안 부안군 관내에서 단 한 건의 범죄도 발생하지 않아, 할 일이 없어진 경찰이 손을 놓고 지낸 것이다.
 이 소식이 방송을 타고 전국에 알려졌고, 그때 어떤 이가 말하였다.
 "월명암에서 정진하는 스님들이 석 달 동안 참회를 하였다는데, 아마 그 덕분인가 봅니다."
 그 말이 다시 입에서 입으로 전해짐에 따라 한

적했던 월명암을 찾는 불자들의 발길이 끊이지 않았고, 참선도량 월명암은 '참회도량'이라는 이름까지 얻게 되었다.

그렇게 참회와 발원을 하며 참선정진을 하던 어느 해, 대중스님들이 월인 조실스님께 의견을 보였다.

"이제부터는 참선수행만 하고, 참회는 그만두면 좋겠습니다."

전국 대부분의 선원이 참선수행을 위주로 하고 있었으므로, 조실스님도 억지로 강요할 수가 없었다.

그런데 한 달가량이 지나자 안타깝게도 사고가 터졌다. 서울에서 승합차를 타고 월명암을 찾아오던 신도들이 논산 근처에서 트럭과 충돌하여 한 명이 죽고 두 명이 크게 다친 것이다.

그 소식을 접한 월인스님은 참선정진 중에 십악참회를 하자 부안에서 범죄가 사라졌던 일을 상기시키면서 다시 대중스님들을 설득하였다.

"이 도량을 옹호하고 우리 승단을 돌보는 신장님의 가피력이 없다고 할 수가 없다. 또 우리가 참회하는 뜻은 자리이타自利利他의 보살행을 실천하고자 함에 있음이니, 이제부터라도 다시 참회를 함이 어떻겠느냐?"

이에 대중스님들은 조실스님의 말씀을 따라 십악참회정진을 계속 행하였다.

§

'살생중죄 금일참회'로 시작하여 '치암중죄 금일참회'로 끝나는 이 짧은 십악참회문이 여름 한철 동안 부안군을 범죄 없는 지역으로 바꾸어 놓았다. 그리고 대중스님들이 거부하여 참회정진을 멈추게 되자, 묘하게도 월명암과 직접 연결되는 사고가 일어났다.

이러한 일을 우연의 일치로 생각하는 이도 있겠지만, 이것이야말로 참회의 공덕이다.

참회를 한 공덕은 '나'의 잘못만 녹여주는 것이 아니다. 주위까지 맑혀준다. 반대로 참회를 거부하게 되면 나만이 아니라 내 주위까지 힘들게 만든다.

자신이 살아온 나날들과 지금 살고 있는 이 순간을 때때로 돌아보면서 참회를 하면, 헛된 망상과 악업들이 만들어내는 흉한 모습들을 능히 볼 수가 있다.

코로나19 등의 전염병만이 아니라, 무분별한 개발과 환경파괴에서 비롯된 기후변화, 자연재해 등등…. 지금의 힘들어진 모습들이 정신을 못 차리고 들떠 살았던 인간들의 업보라는 것을 왜 모른 체 하는가?

보다 나은 내일을 원한다면 그만큼 어제를 참회해야 한다. 몸과 말과 뜻으로 지은 모든 죄업을 참회하면서 맑고 주의 깊게 살아가야, 먹구름

이 걷히면서 오늘의 밝은 해가 나타나게 된다.

힘들고 어려운 시절을 만나고 세상이 거꾸로 흘러가는 듯한 상황에 처할수록 우리는 더욱 열심히 참회를 하며 살아야 한다. 참회를 통하여 '나' 자신을 맑히고 이 사회와 이 국토를 맑혀야 한다. 참회야말로 진정한 정화淨化요 행복의 초석이기 때문이다.

꼭 명심하라.

참회를 할 줄 아는 사람들이 세상을 평화롭게 바꾼다는 것을!

참회를 할 줄 아는 사람들이 세상을 아름답게 만든다는 것을!

참회를 할 줄 아는 사람들이 세상을 향상시키고 발전시킨다는 것을!

끝까지 참회하라

정백린의 참회

이제 한 편의 이야기를 시작으로 삼아 참회를 하는 우리가 꼭 명심해야 할 점들을 찾아보고자 한다.

❂

중국 양나라 때, 양주에 살았던 정백린程伯鱗은 집안에 관세음보살상을 모셔두고 매일 기도를 하였다. 그렇게 한결같이 기도를 하던 어느 해 여름, 전쟁이 일어나 적군이 양주 땅으로 쳐들어온다는 소식을 접하게 되었다.

정백린은 관세음보살님께 정성껏 기도하면서 가족의 안전을 기원하였고, 그날 밤에 관세음보살님은 정백린의 꿈에 나타나 일러주셨다.

"너희 가족 17명 중 16명은 무사히 피난을 할 수 있다. 그러나 한 사람만은 안 된다."

"그 한 사람이 누구입니까?"

"바로 그대이니라."

"어찌하여 저는 안 됩니까?"

"그대는 과거 전생에 어떤 사람을 칼로 스물여섯 번이나 베어 죽인 일이 있었다. 그 사람이 지금 대장군이 되어 양주 땅으로 쳐들어오고 있다. 그의 이름은 왕마자王麻子이다.

그대는 전생의 업보로 왕마자의 칼에 죽임을 당할 것이니, 홀로 집안에 남아 그 과보를 받아라. 그리고 가족들은 피난을 시켜 온전히 살아남을 수 있도록 함이 좋으리라."

꿈은 너무나도 생생하였다.

정백린은 가족 모두를 피난시킨 다음 집안의 관세음보살상 앞에 앉아 정성을 다해 염불하고 절을 하였다. 지난 생에 맺은 보이지 않는 업보를 참회하면서….

5일이 지나자 시퍼런 장검을 뽑아 든 장군 한 사람이 살기 등등한 모습으로 대문을 박차면서 집안에 들어섰고, 정백린은 담담한 자세로 그를 맞이하였다.

"어서 오십시오. 왕마자 장군."

"아니, 어떻게 나의 이름을 알고 있소?"

어리둥절해하는 왕마자에게 정백린은 관세음보살님께서 현몽한 이야기를 들려준 다음 무릎을 꿇고 말하였다.

"내가 전생에 당신을 죽였으니, 오늘 내가 당신의 손에 죽는 것은 너무나 당연합니다. 기꺼이 죽겠습니다. 다만 한 가지, 우리의 원결을 오늘 이 자리에서 모두 풀어 버리고 다시는 서로 원수가 되지 맙시다."

그 말을 들은 왕마자는 모든 맺힘이 확 뚫리는 것을 느꼈다.

"좋소이다. 오늘로 전생의 원한을 모두 풀고, 앞으로는 세세생생 다정한 벗이 됩시다."

왕마자는 칼등으로 정백린의 몸을 26차례 가볍게 내리친 다음 그 집을 떠나갔고, 부하들에게도 양주 땅을 떠날 때까지 함부로 살생이나 약탈을 하지 말 것을 명하였다.

명심해야 할 세 가지

참으로 감동적이요 가슴 뭉클한 이 영험담 속에는 어떤 가르침이 간직되어 있을까?

첫째는 **업을 기꺼이 받고자 하라**는 것이다.
정백린은 다가오는 업보를 피하지 않았다. 오히려 두렵기 그지없는 죽음의 그림자를 참회의 기도를 하며 맞이하였다.

그리고 상대가 찾아왔을 때 잘못을 참회한 다음 '기꺼이 죽겠다'고 하였고, 더 이상의 원결을 맺지 않겠다는 뜻으로 '다시는 서로 원수가 되지 말자'고 했다.

참회하며 기꺼이 받겠다는 자세. 이것이 참된 참회의 모습이다. 기꺼이 받겠다고 하면서 진심 어린 참회로 상대에게 용서를 구하는데, 어떤 업장인들 녹아내리지 않겠는가?

'기꺼이 받겠다.'

우리는 정백린의 이러한 자세를 마음에 새겨, 지금의 업장과 다가오는 업장들을 풀고 녹여야 한다.

회피가 아니라 기꺼이 받겠다는 자세로 참회하는 것! 이것이야말로 진참회를 이루는 가장 요긴한 방법임을 깊이깊이 새겨야 한다.

둘째는 **매일매일 꾸준히 참회하자**는 것이다.

이 정백린처럼 평소에 꾸준히 기도하는 생활을 하면, 지은 업의 과보가 돌아올 때 쉽게 가피를 입을 수 있다.

애써 많은 시간 동안 많은 힘을 기울여서 기도하지 않더라도, 매일 예불을 올리거나, 108번의 진언 염송이나 염불 등을 물 흐르듯이 꾸준히 하면서 참회를 하면 예상 밖의 영험들이 저절로 찾아든다.

하다못해 3배라도 매일매일 잊지 않고 하면, 하는 것과 하지 않는 것과의 차이는 엄청나다. 꼭 매일매일 참회하는 생활을 잊지 마시기 바란다.

셋째는 형식적인 참회가 아니라 **진심의 참회가 되어야 한다**는 것이다.

주위를 돌아보면 참회를 할 때 자신을 온전히 내려놓고 하는 이가 드물다. 분명히 잘못하였는데도 자존심을 자꾸 세운다.

'내가 무엇을 잘못했기에 참회를 해야 하는가? 말자, 말어.'

아니 된다. 하기 싫더라도 자꾸 참회를 해야 한다. 자꾸 참회하면 풀리지만, 참회하기를 포기하면 모진 업을 받게 된다.

그리고 '이만큼 참회하였으니 그만해도 되겠지' 하여서도 아니 된다. 완전히 풀릴 때까지 참회해야 한다. 마음으로 자꾸자꾸 참회해야 한다.

 잘못을 행한 일이나 내가 잘못을 범했던 사람이 떠오르면, 그때마다 마음속으로 '잘못했습니다. 잘못했습니다…'라고 염하라. 그렇게 하다 보면 어느 순간에 문득 죄업이 풀리면서 평화로움을 이룰 수 있게 된다.
 힘들게 절을 하거나 거창한 의식을 치르지 않아도 된다. 속으로, 그냥 모든 이기심을 버리고 진심으로 '잘못했다'고 계속 참회하면 꼭 녹아내린다.
 '이 참회 기도를 하면 내 삶이 풀리겠지'하는 마음으로 기도하는 것은 진짜 참회가 아니다. 자존심을 내세우는 것은 진짜 참회가 아니다. 요행심을 품는 것은 진짜 참회가 아니다.
 이기심은 물론이요 자존심·요행심 등을 모두 비우고 진참회眞懺悔를 하라. 틀림없이 업의 매듭이 풀리면서 모든 것이 뜻과 같이 자연스럽게 성취된다.

 속는 셈 치고, 이 세 가지 참회 원리를 품고 참회를 해보라.
 참회 기도 이상으로 업장을 빨리 소멸시켜 주는 것은 없다. 참회의 생활 이상으로 향상을 안겨주고 복을 얻게 하는 것은 없다.
 절을 하거나 주력을 하거나 염불을 하거나 독경을 하거나 사경을 하는 앞뒤로, 참회를 꾸준히 하는 사람은 참으로 빨리 향상하고 발전하고 복되게 사는 것을 볼 수가 있다.
 참회야말로 향상된 삶을 이루는 지름길이요 행복을 담는 최상의 방편이다. 틀림없이 참회는 커다란 영험과 공덕을 지니고 있다.
 그러므로 우리 불자들은 참회를 생활화해야 한다. 참회로써 마음의 매듭을 모두 모두 풀어야 한다. 내가 먼저 잘못했다고 하면서 내 마음의 매듭을 풀면, 나뿐만 아니라 내 가정과 내 주위가 모두 평화롭고 행복해진다.

그 **참회의 대상은** 무엇이라도 좋다. 남편·아내, 나의 딸과 나의 아들, 부모·형제, 친구·애인….

그리고 참회의 대상이 '나'라도 좋다. 아니, 나를 향한 참회까지 한다면 더욱 좋다.

복이 다하면 화가 찾아오기 마련이요, 좋은 시절인연이 다하면 나쁜 시절인연이 찾아오기 마련이다.

그러므로 우리는 지금 참회를 하며 복을 닦아야 한다. 참회를 하고 좋은 인연을 맺으며 살아야 한다. 그래야만 내일의 불행이 없다.

참회하자.

알게 모르게 지은 잘못을 모두 참회하자.

그 어떤 공부나 수행보다도 참회를 할 때 업장이 가장 빨리 녹아내린다. 그리고 업장이 녹는데 잘 풀리지 않을 일이 어디에 있으며, 불행과 나쁜 인연이 어떻게 찾아들겠는가?

 부디 잘 새겨 복된 삶, 좋은 인연을 누리며 살기를 두손 모아 축원드린다.

 나무마하반야바라밀.

제2장
사참법과 업장소멸

악업은 어디서 생겨나는가?
나로부터 생겨난다.
나라는 생각
곧 아상我相에서 생겨나는 것이다.
그럼 어떻게 하여야
업장으로 가득한 아상의 산을 무너뜨리고
이기심의 숲을 제거할 수 있는가?
절이나 염불이나 진언을 외우며
부지런히 잘못을 참회하면
아상의 산이 스르르 무너지면서
업장이 녹아 장애와 재난이 소멸되고
길이 고통의 나락에서 벗어날 수 있다.

참회와 아상과 절

아상과 삼독으로 지은 업

참회법은 크게 이참理懺과 사참事懺, 이 두 가지로 나눌 수 있다.

이참理懺은 진리와 하나가 되거나 죄업의 실상이 무엇인가를 깨달아 참회를 이루는 것이요, 사참事懺은 과거와 현재에 지은 죄업과 미래에 짓게 될 죄업을 몸과 말과 마음을 쏟아 참회하는 것으로, 일반적으로 '참회를 한다'고 하면 이 사참을 가리킨다.

현재 널리 행하여지고 있는 사참의 방법으로는

절·염불·주력·독경·사경 등을 하면서 참회를 하거나, 참법懺法을 기록한 각종 의식문을 읽으며 그 절차에 따라 참회를 하는 방법 등이 있다.

그런데 이들 참회의 공통점은 모든 악업의 근본이 되는 '나'를 비우게 하고자 함에 있다. 불자들은 『천수경』 등을 통하여 다음과 같은 참회게를 많이 외운다.

> 지난 세상 제가 지은 모든 악업은
> 무시 이래 탐심 진심 치심 일으켜
> 몸과 말과 뜻으로 지은 것이오니
> 제가 이제 남김없이 참회합니다
> 我昔所造諸惡業　皆由無始貪瞋癡
> 從身口意之所生　一切我今皆懺悔

이 게송에서, 우리의 악업은 지금 이 생에서만 짓는 것이 아니라 시작을 알 수 없는 아득한 옛

날, 곧 무시無始 이래로부터 지어온 것이라 하였다. 그리고 그 악업의 씨앗을 탐貪·진瞋·치심癡心, 탐욕과 분노와 어리석음의 삼독심三毒心이라고 하였다.

그렇다면 악업의 씨앗인 삼독심은 어디서 생겨난 것인가? 바로 '나'로부터 생겨난다. '나라는 생각', 곧 아상我相에서 생겨나는 것이다.

주위를 둘러보라. 대부분의 사람들은 '나'에 너무나 깊이 빠져 있다. '나'에게 맞으면 사랑하고 탐하며, 나에게 맞지 않으면 싫어하고 미워한다. '나'는 반드시 잘 살아야 하고, 나는 손해를 보아서는 안 된다는 생각에 사로잡혀 있다.

그러다가 이기심으로 불타올라 '나'의 욕심이나 분노에 맞는 한 생각에 집착하게 되면 큰 죄를 짓는 것조차 두려워하지 않는다. 아니라는 것을 알면서도 아닌 쪽으로 흘러가고, 그릇되다는 것을 알면서도 그릇된 쪽으로 나아간다.

'나'라는 생각, 이 아상이 모든 악업을 만들어내는 것이다.

아상我相은 이해하기 어려운 것이 아니다. '나는 똑똑하다. 나는 잘났다. 나는 많이 안다. 나는 부자이다. 나는 높은 지위에 있다. 나는 너보다 낫다'고 하는 일상적인 생각들이 바로 아상이다. 곧 '너'에 대한 '나'의 상대적인 우월감·자존심·이기심 등이 아상인 것이다.

그런데 이 아상은 참으로 묘한 것이다. 참회를 하면서도 한편으로는 '나는 참회를 했다'며 자신을 내세우고자 하는 것이 아상이다.

그러므로 이 아상을 그냥 두면 산처럼 높아진다. 남을 업신여기고 깔아뭉개면서 끝없이 커져만 가는 것이 아상의 산이요, 자꾸자꾸 무성해져서 결국에는 들어가지도 못하는 가시덩굴의 숲을 이루고 마는 것이 이기심이다.

 그럼 어떻게 하여야 업장으로 가득한 아상의 산을 무너뜨리고 이기심의 숲을 제거할 수 있는가? 그 방법은 간단하다. 자꾸자꾸 참회하여 '나'를 낮추는 것이다.

 "부족하고 무지하여 그랬습니다. 무아無我임을 깨닫지 못해서 그랬습니다. 저의 잘못을 모두 참회합니다."

 이렇게 부지런히 잘못을 참회하면 아상의 산이 스르르 무너지면서 참회가 저절로 이루어진다.
 꼭 기억하라. '나'의 이기심을 곧추세우면 내가 내뿜는 삼독심으로 인해 주위가 지옥으로 변해가고, 나를 비워 아상의 산을 무너뜨리면 행복이 제자리를 찾게 된다.

그런데 불교의 참회는 단순히 '나'의 힘만으로 이루어내는 것이 아니다.

그럼 무엇에 의지하는가?

불佛과 법法과 승僧에 의지하는 것이다.

불은 불보살님이요, 법은 경전이나 진언이다. 그리고 승은 지도를 해주는 스승이다. 스승의 인도로 불보살님의 대자비와 진리인 법과 계합을 하게 되면 진짜 참회를 성취할 수 있는 것이다.

절이나 염불을 하면 부처님과 하나가 되고, 부처님께서 설하신 경전이나 진언 등을 독경하거나 사경을 하면 불보살님과 함께하는 진리의 세계로 들어가 능히 참회를 이루어낼 수가 있다.

불교에서 사참법으로 절·염불·독경·사경·주력 기도를 많이 권하는 근거는 바로 이것이다.

이제 이에 준하여 절을 통한 참회부터 살펴보자.

절 참회의 방법

참회기도를 하는 이에게 절을 많이 권하는 까닭은 악업의 근원이 되는 아상을 없애기 위함이다. 아상을 가장 빨리 죽이는 방법이 염불·독경보다는, 몸을 힘들게 하고 고개를 숙이는 절이기 때문에, 아상이 높은 이에게는 절을 통한 참회를 많이 권하고 있다.

"저의 온 몸을 던져 참회하는 오체투지의 절을 바치옵니다."
"지극한 마음으로 목숨 바쳐 절하옵니다〔至心歸命體〕."

이러한 마음으로 절을 하게 되면 저절로 나의 이기적인 생각들이 비워지게 되고, 탐욕 등 그릇된 생각들이 비워지면 업장 또한 녹아내려 비할 바 없는 복이 저절로 깃들게 되는 것이다.

나아가 '나'를 비우고 절을 하는 사람은 하심下心이 저절로 이루어지므로, 나를 대하는 모든 사람의 마음을 편안하게 만들어준다.

곧 절을 하면서 참회를 하면 업장소멸은 물론이요 복밭을 이루어, 자연스럽게 모든 사람을 편안한 세계로 인도하는 사람이 될 수가 있다.

그럼 참회의 절을 할 때는 어떤 식으로 하는 것이 좋은가? 일반적으로 다음의 세 가지 중 하나를 택하여 행한다.

① 절하는 횟수를 세면서 절을 하거나, 108염주를 쥐고 절 한 번에 염주 한 알을 돌리며 묵묵히 절을 한다.
② 석가모니불·아미타불·관세음보살·지장보

살 등 여러 불보살님 중 한 분의 명호를 외우며 절을 한다.
③ 정형화된 참회문(예 : 백팔대참회문, 자비도량참법 등)을 읽으며 절을 한다.

② 번의 경우에는 30분·한 시간 등의 시간을 스마트폰에 알람으로 해놓거나, 향 한 자루 탈 동안 등으로 정하여 하는 것도 좋다.
이 밖에도 몇 가지 방법이 있지만, 이 세 가지를 크게 벗어나지 않는다.

잠깐 절의 수를 세거나 염주알을 돌리면서 묵묵히 절을 하는 불자들에게 한 말씀 드리고자 한다.
참회의 절을 하는 불자들은 나름대로 정성을 기울여서 열심히들 한다. 그러나 '어떠한 내용물을 담고 절을 하는지'를 물으면, 많은 이들이 '하면 좋다고 해서 한다'는 식의 반응을 보인다.

그렇다. 하다가 보면 무엇인가를 느낄 수 있게 되고, 그것도 공부가 될 수는 있다. 그러나 '알고 하느냐 모르고 하느냐', 무엇인가를 '분명히 담고 하느냐 막연하게 하느냐'에 따라 결과는 하늘과 땅만큼 벌어질 수 있다.

많은 이들이 불교신행연구원으로 전화를 하여 참회기도에 대해 문의를 한다. 그때 나는 참회기도의 목적이 무엇이며, 어떻게 기원하고 있는지를 꼭 되묻는다.

그때 참회기도를 하는 목적은 분명히 이야기하지만, 기도하는 방법이나 기원하는 내용을 구체적으로 이야기하는 사람은 드물다. 특히 절을 하는 불자들 중에는 '내 욕심을 부리면 안 된다', '무조건 절을 한다'는 분이 많았다.

물론 '나'를 비우고 마음을 비울 수만 있다면

무조건 절을 하는 것도 좋다. 그러나 그냥 무조건 절을 하게 되면 번뇌만 더욱 치성해지는 경우도 많다. 따라서 참회기도를 하거나 아주 다급한 소원이 있을 때는 그냥 절을 하여서는 아니 된다.

그럼 무엇을 마음속으로 염하며 참회기도를 하는가? 방편으로 한 가지 방법을 제시하고자 한다.

참회의 기도를 할 때 한 번의 절을 할 때마다 다음의 세 가지를 세 번씩 꼭 염하여 보라.

① 합장하여 선 자세에서 무릎을 꿇으며 내려갈 때는 '잘못했습니다 잘못했습니다 잘못했습니다'를 세 번 염한다. '부처님'이나 '관세음보살님' 등을 앞에 붙일 경우에도 '잘못했습니다'를 세 번씩 염하며(예:부처님, 잘못했습니다. 잘못했습니다. 잘못했습니다), 입으로 계속 불보살님의 명호를 외울 때 역시 속으로 '잘못했습니다'라고 염하면 된다.

생각을 해보라. '불보살님께서 나의 잘못을 알아서 다 용서해 주시겠지'라는 것과 '잘못했습니다'라며 참회하는 것과의 차이를….

듣는 분이 분명히 계신다면 간절히 '잘못했습니다' 하며 절하는 이에게 더 큰 가피를 내릴 것이다. 그러므로 절 한 번에 세 번씩 꼭 '잘못했습니다'를 염하는 것이 좋다.

② 엎드려서는 '부처님 감사합니다 감사합니다 감사합니다'를 세 번 한다.

③ 일어날 때는 가장 빨리 이루어졌으면 하는 한 가지 발원, 곧 꼭 이루었으면 하는 소원이나 맹세의 원을 간단명료하게 발하면 된다.

예를 들면 'ㅇㅇㅇ이가 꼭 원하는 대학에 합격하여지이다', '꼭 쾌차하게 해주십시오', '심중 소원 ㅇㅇㅇ을 성취하게 해주십시오' 등과 같이 하면 된다.

 이렇게 108배를 하면 '잘못했습니다' 324번, '감사합니다' 324번, 발원 및 서원 108번을 염할 수 있다.
 간단한 방법이지만 집중도 잘되고 효과도 뛰어나다. 꼭 이렇게 하라는 것은 아니지만, 특별히 염하는 것이 없다면 한번 실천해 보시기 바란다.

 그리고 평소에 기도를 할 때 했던 긴 축원이나 가족 개개인에 대한 축원은 절을 통한 참회의 시작과 끝에 각각 세 번씩 염하시면 된다.
 꾸준히 하다 보면 불보살님께서 은근히 보살펴 주시는 명훈가피冥熏加被가 언제나 '나'와 함께하게 된다.

 "세상은 왜 나를 힘들게 하느냐? 저 사람은 왜

나를 이토록 힘들게 하느냐?"

  사람들은 이렇게 원망들을 한다. 그러나 힘들게 할수록 원망보다는 업장소멸을 해야 한다. 참회를 하여 업장을 소멸시켜야 한다.

  절을 하는 참회가 고단해서 못 하겠다면, 마음의 참회라도 끝까지 해야 한다. 끝까지 끝까지 '잘못했습니다'고 참회해야 한다. 서로의 마음속 앙금이 녹아내려 완전히 평화로워지고, '나'의 이 삶이 평화로운 자리에 이를 때까지!

염불 참회와 주력 참회

염불참회법

염불참회법은 불교의 여러 참회법 중에서 누구나 할 수 있는 가장 쉬운 참회법이다. 곧 나무아미타불·약사여래불·석가모니불·관세음보살·지장보살·문수보살·화엄성중 등의 불보살님 중 한 분의 명호를 부르면서 죄업을 녹이는 것이 염불참회법이다.

때로는 '마하반야바라밀', '대방광불화엄경' 등 경전 이름이나 경전의 핵심된 내용을 염하는 것도 염불의 범주 안에 넣으므로, 이 또한 염불의 한 방법으로 생각하여도 무방하다.

염불참회는 힘들여서 절을 많이 하라는 것도 아니요, 잘 이해되지 않는 경전을 외우라는 것도 아니다. 오직 마음을 모아 불보살의 명호를 외우고 생각하면, 틀림없이 업장을 녹여 고난으로부터 해탈하게 된다는 것이다. 이는 많은 경전과 선지식들이 한결같이 설하고 있는 내용이다.

어떠한 불보살님의 명호라도 좋다. 불보살님 중 나와 인연이 깊다고 느껴지는 한 분의 명호를 택하여, 입으로 부르고 마음으로 생각하며 참회를 하면 업장이 녹고, 업장이 녹으면 장애와 재난이 소멸되면서 길이 고통의 나락에서 벗어날 수 있게 되는 것이다.

그런데 어떻게 불보살님의 명호를 외우는 것만으로 업장소멸이 가능한가?

그 가능성은 중생인 '나'로 인해 생겨난 것이 아

니다. 바로 불보살님의 근본서원력根本誓願力, 곧 부처님이나 대보살님들이 보살행을 닦아 익힐 때 세운 중생제도의 원력願力 덕분이다.

우리가 즐겨 염하는 불보살님들은 하나같이 '나의 이름을 부르며 나를 생각하면, 참회를 받아들여 고통을 제거해주고 행복을 안겨주겠다'는 원을 세우신 분들이다. 그리고 그 원을 성취하기 위해 갖은 시련을 극복하며 힘을 길러서 부처님이 되고 대보살이 되셨다.

그러한 불보살님의 원력 덕분에, 우리는 그분들의 명호를 외우며 염불을 하고 참회만 하면 된다. 불보살의 밝은 이름을 외우며 참회를 하면 불보살님의 서원력에 의해 모든 죄업이 남김없이 소멸되면서 편안함을 얻게 되는 것이다.

비석화상飛錫和尙의 『염불삼매보왕론』에는 다음과 같은 구절이 있다.

"물을 맑히는 구슬인 수청주(水淸珠)를 탁한 물에 넣으면 아무리 탁한 물이라도 맑아지지 않음이 없는 것처럼, 어지러운 마음에다 염불을 던져 넣으면 아무리 탁한 죄업의 마음이라도 맑아지지 않음이 없느니라."

이 얼마나 명쾌한 가르침인가!

그러나 '나'의 노력이 없으면 수청주와 같은 가피를 입을 수 없다. 노력 없이 '나' 스스로가 만든 벽 속에 웅크리고 앉아 있으면 불보살님과 통할 수가 없다. 스스로가 만든 벽이 모든 가피를 차단해버리기 때문이다.

하지만 참회의 염불을 행하게 되면 불보살님의 근본 원력과 나의 원이 하나로 통하게 되어, '불보살님의 큰 가피 속에서 능히 참회를 이룰 수 있고 업장을 소멸시킬 수 있다'는 것이 염불참회법의 핵심이다.

주력참회법

 이제 주력참회법은 무엇이며, 어떤 원리를 담고 있는지를 살펴보자.
 불교에서는 주력呪力의 '주呪'를 진언眞言 또는 다라니陀羅尼라고 한다. 진언은 '참된 말'·'진리의 언어'라는 뜻이며, 다라니는 '모든 업장을 벗어나게 하고 한량없는 복과 덕을 간직하고 있는 말'이라는 뜻이다.
 이 진언과 다라니는 다른 말이 아니다. 일반적으로 범어로 된 짧은 구절을 진언이라 하고, 긴 구절을 다라니라고 한다. 곧 진언과 다라니를 합하여 주呪라고 하는 것이며, 이 주呪 자체가 신비로운 힘을 가지고 있기 때문에 '주력呪力'이라 일컫는 것이다.
 현재 우리나라 불자들이 많이 외우는 대표적인

진언으로는 광명진언·옴마니반메훔·참회진언 등을 꼽을 수 있고, 다라니로는 신묘장구대다라니와 불정심모다라니, 능엄주 등을 꼽을 수가 있다.

그럼 진언 또는 다라니 속에는 어떠한 힘이 간직되어 있는가?

바로 **제불삼보감통력諸佛三寶感通力**이다. 모든 부처님과 삼보의 감통하는 힘이 간직되어 있다.

완전한 깨달음을 이룬 부처님께서 이 법계에 충만되어 있는 원만·성취·진실의 기운을 언어로 표현한 것이 진언이요 다라니이기 때문에, 우리가 진언이나 다라니를 지극정성으로 외우면 제불삼보와 그대로 감통하여, 업장소멸과 동시에 심중 소원을 능히 성취할 수가 있다.

곧 주력참회는 진언이나 다라니를 외우며 제불과 삼보의 감통력 속으로 들어가 참회를 이루는 방법이다. 따라서 입으로 내는 소리만 다를 뿐,

원리는 염불과 크게 다르지 않다.

그러므로 염불참회와 주력참회의 방법 또한 거의 비슷하기 때문에, 여기에서는 주력에 대해서는 될 수 있는 대로 직접 언급하지 않고, 염불참회를 중심으로 삼아 이야기하고자 한다.

염불과 주력참회의 방법

 참회기도를 하루 중에 언제 하고, 집안의 어떤 장소에서 하느냐? 얼마의 기간 동안 해야 하느냐? 등에 대해서는 나의 졸저에서 여러 차례 이야기하였으므로 거듭 설명하지 않는다.

 다만 꼭 이루어야 할 소원이 있어 업장참회의 염불이나 주력을 할 경우라면, 적어도 아침저녁으로 1시간씩 2시간은 하여야 하고, 매우 다급하고 힘든 경우라면 하루종일 한다는 각오로, 오나가나 앉으나 서나 염불참회(주력참회)를 하여야 한다.

 그러나 수행 삼아 염불참회(주력참회)를 하면서 불보살의 은근한 가피를 바라는 경우라면 하루 한 시간 정도로 시간을 정하는 것이 좋다.

그리고 여러 가지 일로 시간을 많이 낼 수 없는 이라 할지라도 최소한 30분은 해야 한다.

이때 알람을 설정해놓고 기도하는 것도 한 방법이요, 향으로 시간의 흐름을 측량하는 것도 한 방법이다. 긴 향은 한 시간, 보통 향은 30분가량 타므로, 굳이 시계를 볼 필요가 없다.

또 가족 한 사람당 염주알 천 개를 꿰어 만든 천주千珠를 돌리며 염불하거나, 가족 한 사람당 10분씩 염불(주력)하는 것도 좋은 방법이다.

아들을 위해 천 번(10분), 딸을 위해 천 번(10분), 배우자를 위해 천 번(10분), 마지막으로 나를 위해 천 번(10분). 이렇게 참회염불을 하면 참으로 좋다.

주력의 경우에도 마찬가지이다. 가족 한 사람에 대한 시간과 횟수를 적절하게 안배하여 기도하기 바란다.

이 염불참회(주력참회)는 꾸준히 계속하는 것이 가장 좋다. 그러나 기간을 굳이 정하고 싶다면, 최소 기간을 삼칠일(21일) 또는 49일로 잡는 것이 좋고, 보통은 백일기도를 함이 바람직하다.

그리고 한번 기간을 정하여 업장이 녹지 않을 때는 '두 번 세 번 거듭거듭 마음을 모아 행하겠다'는 자세를 갖추어야 한다. 또 큰 깨달음을 이루기 위한 참회기도라면 평생을 할 각오를 해야 한다.

이렇게 기한을 정하여 꾸준히 참회기도를 하다 보면 그 날짜가 다 채워지기도 전에 가피를 입는 듯한 징조를 감지하게 되는 경우가 있다. 그렇다고 하여 회향일 전에 참회를 그만두지 말고, 꾸준히 계속하여 날짜를 채우는 것이 좋다.

그리고 자세는 기본적으로 단정히 앉아 기도할

것을 권한다. 가부좌를 하기가 힘들다면 의자에 단정히 앉아 행하는 것도 좋다. 그리고 바르게 앉을 수 없을 만큼 몸이 좋지 않은 경우, 벽에 기대거나 누워서 해도 무방하다.

이제 **염불참회(주력참회)의 요긴한 요령과 방법**에 대해 간략히 이야기하겠다.

'관세음보살'을 외운다고 할 경우, 정해진 법이 따로 있는 것은 아니다.

때로는 크게 할 수도 있고, 때로는 작게 할 수도 있으며, 때로는 혼자만의 속삭임처럼 외울 수도 있다. 마음이 답답하거나 다급한 일이 있다면 절을 하면서 크게 외칠 수도 있다.

또한 '큰 소리로 염불을 하면 열 가지 공덕이 있다'는 말을 듣고 일부러 큰 소리로 염불을 하는 불자들도 있다. 그러나 공덕의 크고 작음은 마음을 얼마나 잘 모아 참회하고 염불하느냐에 달려 있는 것일 뿐, 소리의 크고 작음과는 별 상관이 없다.

오히려 소리를 크게 냄으로써 주위 사람들의 반감을 불러일으키는 경우도 있으므로, 처한 환경에 따라 소리의 강약을 조절하는 것이 좋다.

그리고 가장 요긴한 방법은 **내 염불하는 소리를 내 귀로 들으면서 끊임없이 이어지도록** 하는 것이다. 이것이 최상의 방법이다. 남이 듣는 소리로서가 아니라, '나' 속에서 염불(주력)이 끊임없이 이어져야 한다.

만약 매우 **다급하고 속히 이루어야** 할 일이 있어 염불참회를 하는 경우라면, 일의 다급함만큼 염불도 열심히 열심히 몰아붙여야 한다.

참으로 애가 타고 '나'의 능력으로는 어찌할 수

없어 애간장이 녹아날 일이 있다면 이것저것 생각할 겨를이 없다.

모든 것을 불보살님께 맡기고 배고픈 아기가 어머니를 찾듯이, 갈증으로 신음하는 사람이 물을 찾듯이, 중병을 앓는 이가 살려줄 의사를 찾듯이, 간절한 마음으로 불보살님의 명호를 불러야 한다.

밥을 먹을 때도 속으로는 '관세음보살'을 부르고, 뒷간에서 볼일을 볼 때도 '관세음보살'을 불러야 한다. 적당하고 형식적인 염불로는 안 된다. 지극하게 매달려야 한다.

진한 땀이 흘러나오고 눈물이 쑥 빠지도록 열심히 염하게 되면, '나'의 힘으로는 어떻게 할 수 없는 일도 얼마 지나지 않아 해결을 볼 수 있게 된다.

어려운 고비를 한숨으로 지새지 말고 염불참회

(주력염불)로 자리 메움을 해보라. **조급증을 내지 말고 염불참회를 해보라.** '이제 죽었다' 싶으면 죽을 각오로 염불을 해보라. 그렇게만 하면 업장이 녹으면서 반드시 복이 찾아들게 된다.

우리가 살고 있는 이 법계에는 자비와 행복의 기운이 가득 충만되어 있다. 그 자비와 행복의 기운을 '나'의 것으로 만들게 하는 것이 참회요 염불이요 주력이다. 오히려 지금의 시련을 업장을 녹여 큰 복을 담을 수 있는 기회로 생각하고, 꼭 염불참회나 주력참회를 해보시기 바란다.

마지막으로 염불참회 또는 주력참회를 할 때의 **마음속 생각**에 대해 이야기하여 보자.

참회의 염불이나 주력을 할 때는 절 참회에서도 밝혔듯이, 항상 '잘못했습니다', '감사합니다'는 마음가짐이 지속되어야 함이 원칙이다. 참회를 하고 감사를 느낄 때 대우주의 성취 파장이 가장 빨리 다가오기 때문이다.

그러므로 불보살님의 명호를 부르고 생각하면서 마음속으로 '잘못했습니다'를 염하고, 다음에 '~해주셔서 감사합니다'고 하는 것이 좋다.

"부처님 잘못했습니다. 잘못했습니다. 잘못했습니다. 저희에게 건강과 행복을 주셔서 감사합니다(이 어려움을 잘 해결해주셔서 감사합니다)."

이렇게 염하라는 것이다. 이에 대해 어떤 이는 의문을 일으킬 것이다.

"참회기도니까 잘못했다고 하라는 것은 이해가 되는데, 감사는 왜 하라는 것인가?"
"현재 이루어지지도 않았는데, 왜 '이루어지게

해주셔서 감사하다'라고 하지?"

 그 까닭은, 이것이 기도성취를 빨리 이루게 하는 한 방법이기 때문이다. 곧 미래의 성취를 이미 이룬 과거형으로 바꿈으로써 틀림없는 성취를 이끌어 내는 것이다.
 이렇게 무조건 잘못을 참회하고 감사하면서, 마지막에는 나와 남을 함께 이롭게 하는 자리이타의 원을 발하여 보라. 모든 업장을 만들었던 이기심이 스르르 무너지면서 가피를 입음은 물론이요, 새롭게 태어날 수가 있다.

 참회기도를 하다 보면 반드시 덥고 추운 시절이 닥쳐온다. 덥다고 게으름을 피우고, 춥다고 움츠러들어서는 안 된다.
 더울 때는 땀 흘리며 살 줄 알아야 한다. 농부가 더위 속에서 땀을 흘리며 농사를 짓듯이, 참회행자 역시 땀을 흘리며 정진해야 한다. 참회를 하고 마음공부를 해야 한다.

다시 한번 강조하건대, 염불참회를 하고 주력참회를 하면서 '나'의 욕심을 앞세우면 아니 된다. 참회로써 나의 잘못을 비우고 나의 마음에 불보살님을 가득 담아야 한다.

마음을 불보살님으로 가득 채우면 모든 업장은 저절로 소멸된다.

옴 살바 못자 모지사다야 사바하 (3번)

『천수경』을 통하여 익히 알고 있는 이 참회진언을 풀이하면 다음과 같다.

'옴, 모든 불보살님께 귀의하오니 참회가 원만 성취되어지이다.'

불보살님께 정성을 다해 귀의하는 것이 참된 참회법이라는 것이다. 참으로 묘하지 않은가? 불보살님께 귀의하는 것이 참회 성취의 길이라니?

그러나 이것은 진실이다. 부처님 잘 모시고 사는 것, 불·법·승 삼보를 잘 받들며 사는 것. 이것이 본래의 자리로 돌아가는 참회성취의 길이다.

부처님 잘 모시고 불·법·승 삼보를 잘 받들며 살면, 바깥 대상을 좇아 끊임없이 흘러 내려가는 그릇된 삶에서 벗어나, 밝고 평화롭고 행복한 향상의 길로 나아가지 않을 수가 없기 때문에, 틀림없이 진참회眞懺悔를 이룰 수 있게 되는 것이다.

이를 꼭 마음에 담아두시기를 당부드리고, 참회기도 잘하시기를 두손 모아 축원드린다.

제3장
오회참법과 자비축원

지금 사랑 속에 있으면
서로를 살리는 사랑을 더욱 키워가고
행복 속에 있으면 행복을 나누어 주고
슬픔과 불행 속에 있으면 슬픔과 불행을 넘어서는
참법과 자비 축원을 하면서 살아가야 한다.
참회기도로 나만의 행복을 구하는 것이 아니라
'남을 이롭게 하고
뭇 생명 있는 이들을 살리겠다'는
자비심을 품고 참회를 행하면
지금의 고통에서 구원을 받는 수준이 아니라
큰 깨달음을 이루는 대해탈로 이어지게 된다.

간단하고 효과 큰 오회참법五悔懺法

오회참의 방법

이제 사참법에 이어 간단하면서도 효과가 큰 오회참회법五悔懺悔法을 소개하고자 한다.

❖

하루는 유튜브를 통해 포교에 매우 열정적인 정목스님의 유창한 법문을 듣고 있었는데, 스님께서 3천 년 전부터 하와이 원주민 사이에서 전해지고 있는 참회사랑법을 설하셨다.

그것은 눈을 감고 잘못을 한 상대를 떠올린 다음

"미안해요, 미안해요, 미안해요.
용서해요, 용서해요, 용서해요.
고마워요, 고마워요, 고마워요.
사랑해요, 사랑해요, 사랑해요."

라고 하는 것이었으며, 법문 도중에 참여한 사람들에게 잠깐 동안 이를 행하도록 하였다. 그 자리에서 이를 행한 사람 모두는 감동스러운 표정을 지었고, 눈물을 닦는 이도 있었다.

§

'참 좋은 참회법'이라 느꼈는데, 문득 불교의 전통 참회법 가운데 하나인 '오회五悔'를 이렇게 정립해야겠다는 생각이 들었다. 곧 『법화경』에 근거한 불교의 오회참회법에 대입을 시켜보자는 것이었다.

오회五悔는
 ① **참회懺悔** : 잘못을 뉘우침

② 권청勸請 : 진실한 마음으로 청함
③ 수희隨喜 : 따르고 기뻐함
④ 회향廻向 : 참회의 공덕을 상대에게 돌림
⑤ 발원發願 : 서원을 일으킴

의 순으로 참회하는 것이다.

이를 현실적인 참회에 적용시켜 보자.

①의 **참회**는 깊이 뉘우치는 것이므로 '미안합니다'보다는 '잘못했습니다'를 앞에 내세우는 것이 좋다. '잘못했다'는 '미안하다'보다 훨씬 강한 참회의 뜻을 지니고 있고, 납작 엎드려 아상我相을 완전히 버릴 때 나오는 말이기 때문이다.

그러나 그 잘못의 정도가 얕을 때는 '미안하다'고 하는 것도 괜찮고, '잘못했다'와 함께 '미안하다'고 하는 것도 좋을 것이다.

② **권청**은 '용서해 달라'고 청하는 것이다. 이 권

청을 할 때는 진심을 다해야 한다. 형식적으로 용서해 달라는 것이 아니라, '진짜 잘못했으니 용서해 달라'는 마음을 담아야 한다.

③ **수회**를 할 때는 용서해주는 상대를 떠올리면서 진짜 용서를 받은 듯이 진심으로 '감사하다', '고맙다'고 해야 한다.

이렇게 진심으로 참회·권청·수회를 하게 되면 눈시울이 젖지 않을 수가 없다.

④ **회향**은 감사하기 그지없는 상대를 위해 모든 공덕을 돌려 축원하는 것으로, 그 내용은 다양하게 전개시킬 수 있다.

'늘 건강하고 원하는 바를 모두 성취하소서'
'자비와 지혜와 평화가 충만하여지이다' 등.

⑤ **발원**을 할 때는 큰 내용을 품는 것이 원칙이

다. 모든 잘못이 아상과 이기심에서 비롯되었기 때문에, 이를 넘어서는 보리심菩提心·보살심菩薩心을 발원을 해야 한다. 곧 '자타일시성불도自他一時成佛道, 마하반야바라밀摩訶般若波羅蜜' 등의 발원이 그것이다. 지금은 비록 그것이 불가능할지라도, 능히 그와 같은 마음을 발하여 큰 깨달음과 대자비심의 삶 쪽으로 나아가야 한다.

그러나 마음이 아직 용납되지 않는데 꼭 큰 발원을 할 필요는 없다. 내 마음이 용납하는 수준의 발원부터 시작하면 된다.

나는 이 오회참법을 스스로 실천해 보았고 많은 사람들에게 일러주었는데, 매우 큰 효과가 있었다.

평소 때 같으면 잘잘못을 따지고 감정 속에 휩싸일 터인데, '잘못했습니다' 하면서 무조건 참회하고, 용서를 구하고, 감사를 하고, 축원의 회향을 하고, 큰 발원을 하였더니 그지없이 마음이 편안해졌다.

이 오회참을 할 때는 단순한 이성만의 참회가 되어서도 안 되고 감성만의 참회가 되어서도 안 된다. 이성과 감성을 모두 던져 참회해야 한다.

나의 자존심과 이기심을 모두 비우고 이성적으로 참회하는 것과 동시에 감성을 모두 동원하여 뉘우침의 눈물을 쏟는 참회를 하여야 한다.

그러므로 오회참을 할 때 이성과 감성을 최대한으로 동원하라.

이제 오회참의 문구를 제시해 본다.

① 참회 : 잘못했습니다 잘못했습니다 잘못했습니다.
(미안합니다, 미안합니다, 미안합니다.)

　　　　다시는 이 잘못을 범하지 않겠습니다.
② 권청 : 용서하십시오 용서하십시오 용서하십시오.
③ 수희 : 용서해주셔서 감사합니다 감사합니다 감사합니다.
④ 회향 : 이 공덕으로 늘 건강하옵고 뜻과 같이 이루소서.(3번)
⑤ 발원 : 나와 남을 함께 이롭게 하고 모두가 살아나는 자리이타의 삶을 살겠습니다.(3번)

등으로 축원하는 것이다.

※ ⑤의 발원은 '자타일시성불도(다 함께 성불하여지이다)'나 '발보리심하여 마하반야바라밀을 성취하겠나이다' 등의 큰 발원을 할 수도 있다.

※ 대상이 자녀 등의 손아랫사람일 때도 존칭을 써서 오회참을 하는 것이 좋다.

여기에서 제시한 오회참의 문구는 하나의 예시일 뿐, 절대적인 것이 아니다. 그러므로 스스로에게 맞는 적절한 문구를 만들어서 오회참법을 실천해 보기 바란다.

단, 너무 길게 하지 말고 짙은 감동을 불러일으킬 수 있는 오회참의 문구를 만드는 것이 좋다. 그리고 오회참을 계속하다가 중간에 문구에 대한 좋은 깨달음이 있으면 바꾸어도 되니, 일단 이성과 감성이 가득한 적절한 문구를 함축성 있게 만들어 실천하기를 권한다.

크나큰 효험이 있을 것이요, 정말 고향 집으로 돌아간 듯한 따뜻한 마음이 솟아남을 느끼게 될 것이다.

정녕 오회참법은 나의 마음가짐을 바꾸고 업을 녹이는 매우 좋은 참회법이다. 그러나 거듭 강조하건대, 대충하면 안 된다. 정성껏 해야 한다.

사람들은 참회를 형식적으로 하는 경우가 많다. 가끔씩 "어떻게 하고 있느냐?"고 물어보면, "좋다고 하니 하기는 하는데, 그냥 '잘못했다'를 되뇌는 정도로 한다."고 말한다.

이렇게 하면 안 된다. 비록 잠깐을 참회일지라도 온 마음을 기울여 정성껏 하고, 축원도 정성껏 해야 한다.

정말 정성을 다해 '잘못했습니다'를 염하고(참회), '용서'를 구하고(권청), '감사하다'고 하면서(수희), 상대를 위한 축원을 한 다음(회향), 마음밭에다 새로운 원의 씨를 심으면(발원), 내 마음보에 쌓여 있던 모든 업장이 저절로 풀리면서 원망도 미움도 불만도 동시에 사라지게 된다.

그리고 내 마음속의 맺힘과 앙금과 감정이 진심 어린 참회를 통하여 풀어지면 상대방의 마음도 동시에 풀리게 된다.

이것이 무엇인가? 바로 인연법이다.

"이것이 있으면 저것이 있고, 이것이 멸하면 저것도 멸한다."는 인연법인 것이다.

모든 것은 '나'에게서 비롯된다. 나의 마음씨, 마음보에서 비롯된다. 나의 마음씨가 바뀌고 마음보가 바뀌는데, 어찌 상대의 마음이 바뀌지 않을 것인가?

"내가 바뀌면 상대가 바뀐다."

"내가 평화로워지면 우리 아이도 평화로워진다."

바로 이 인연법이 참회의 원리임을 안다면, 정성껏 참회하지 않을 까닭이 없을 것이다.

참회하며 진짜 사랑을 하자

 인간의 사랑은 '맞다 안 맞다, 좋다 싫다, 밉다 곱다, 흐뭇하다 섭섭하다, 잘해준다 야속하다'는 등의 상대적인 감정 속에 쉽게도 휩싸인다.

 그리하여 사랑했던 사람이 섭섭하고 야속하게 대하면, 싫어하고 미워할 뿐 아니라 원망까지 품게 된다. 이러한 인간의 현실적인 사랑. 어찌 '가볍다' 하지 않을 것인가?

 그런데 참회를 정성껏 하다 보면, 사람들 사이의 진짜 사랑은 '맞다 안 맞다, 좋다 싫다, 흐뭇하다 섭섭하다, 잘해준다 야속하다' 는 등의 상대적인 감정을 넘어서 있다는 것을 느끼게 된다.

 실로 사람들 사이의 정이나 사랑은 고유한 실체를 지닌 것이 아니다. 인연의 법칙 따라 움직이는 것일 뿐이다. 그런데도 우리는 사랑과 정이라는 이름에 매달려서 많은 기대를 한다. 사랑과 정 속에 빠져들어서 편안해지고자 하고 기쁨을 느끼고자 한다.

그러나 표면적인 사랑의 달콤함과는 달리 그 밑에 흐르고 있는 인연의 법칙은 너무나 냉엄하다. 한 치의 오차도 없다.

오히려 사랑하고 깊은 정을 주고받는 부모자식, 부부 사이라고 하여 함부로 하였다가는 예상 밖의 무서운 업보로 시달리게 된다.

따라서 우리는 나의 바탕이요 현실이기도 한 지금의 가족·친구·연인의 인연을 발판으로 삼아 한 걸음 한 걸음 향상의 길로 나아가야 하며, 참회를 통하여 참된 사랑을 체득해야 한다.

인간 사이에 흐르는 진짜 사랑은 언제나 좋고 즐겁고 흐뭇할 뿐이다. 그런데 싫다·얄밉다·섭섭하다는 생각이 일어난다면, 그것은 나의 이기적인 감정일 뿐 참된 사랑이 아니다.

  그러므로 감정을 넘어서고 자존심과 이기심을 넘어설 때까지 참회를 해야 한다. 자존심과 감정들이 모두 사라지는 것을 느끼는 바로 그 순간이, 모든 응어리가 풀어지는 때이기 때문이다.

  부디 청하건대 이 짧은 오회참법을 실천해 보라. 마음에 맺힌 응어리들이 어렵지 않게 풀어진다. 그리고 이 참회 속에서 현실의 삶이 나날이 향상을 하고 있음을 느끼게 된다.

  '재작년보다 작년이 살기가 어렵고, 작년보다 올해가 더 어렵습니다. 왜 이렇게 힘이 드는지…'

  수많은 사람들이 이와 같은 하소연을 하지만, 꾸준히 참회하는 이들은 조금도 어려움을 겪지 않는다. 시대의 흐름이나 환경 따라 오르락내리락하는 일 없이, 늘 향상하고 좋아질 뿐이다.

오회참이 비록 길지 않은 참회지만 큰 공덕을 이루는 까닭은, '나'를 낮추고 '나'를 비울 수 있게 하기 때문이다. 상대방에 대해 탓하고 원망하는 자세가 아니라, '나'를 낮추고 상대를 받들어서, 이기적 감정이 아닌 진정한 사랑을 형성하기 때문에 좋은 결과를 가져올 수 있는 것이다.

보이지 않는 곳에서 마음에 맺힌 이를 향해 다섯 단계의 참회법인 오회참五悔懺을 하는 것! 이 오회참법을 힘들다고 할 사람은 없을 것이다. 주저 말고 실천을 해보라.

길게 한 번의 숨을 내뱉고 들이킨 다음, 눈을 감고 상대를 떠올리면서 오회참법을 실천해 보라. 한 구절을 세 번씩 염하며 실천해 보라. 한번 하기 시작하면 참으로 쉽게 계속할 수가 있게 될 것이다.

비록 몇 마디 말로 구성된 간단한 오회참법이지만, 꾸준히 하다 보면 매듭들이 풀리고 응어리가 녹아내릴 뿐 아니라, 인간관계가 화목해지고 내 삶의 질이 높아지는 것을 스스로 알 수가 있다.

 오로지 홀로 참회를 하는데, 힘들 것이 무엇이며 자존심을 세울 것이 무엇인가?
 참회를 행함에는 나이의 많고 적음을 따질 필요도 없고, 신분의 높고 낮음을 따질 필요도 없다. 지금 마음에 맺힌 것이 있고 걸리는 것이 많다고 느끼는 사람이 먼저 참회를 시작하면 되는 것이다.
 상대가 며느리면 어떻고, 자식이면 무슨 상관인가? 남편이면 어떻고, 아내면 어떠한가? 친구면 어떻고, 직장의 부하직원이면 문제 될 것이 있는가? 누구에게나 참회를 할 수 있는 이야말로 참다운 보살인 것을….

이렇게 참회를 하다 보면 나의 감정이 아닌 참된 사랑을 체험하여, 언제나 기쁨과 평온함과 흐뭇함 속에서 살 수 있게 되고, 주변의 모든 것이 극락처럼 바뀌게 된다.

 마음이 맺혀 있고 미안하고 불편한 이를 향해 ① **참회**하고 ② **권청**하고 ③ **수희**하고 ④ **회향**하고 ⑤ **발원**하는 이 간단한 오회참법!
 잘 생각해 보시고 용기 있게 꼭 실천해 보시기 바란다. 틀림없이 대해탈·대행복·대자유가 가득한 바라밀의 세계가 활짝 열리기 시작할 것이니….

자비축원의 참회

참회기도 잘 성취하려면

이제 참회와 자비심의 관계를 살펴 보고자 한다.
나는 자주 이야기를 한다.

 "참회기도를 하는 이에게 가장 중요한 것은 마음가짐과 행동, 그리고 축원이다."

왜 이 세 가지를 특별히 강조하는 것인가?
 복福 때문이다. '복 담는 마음가짐, 복을 부르는 축원과, 복 짓는 행동을 하라'는 것이다.

참회기도하는 까닭이 무엇인가? 각자 나름대로의 이유가 있겠지만, 결국은 행복이다. 모두가 복되게 살기 위해 참회기도를 하는 것이다.

그런데 복을 쫓아내는 생각을 품고 참회기도를 하거나, 불행과 화를 불러들이는 말과 행동을 한다면 어떻게 복된 삶을 누릴 수가 있으리?

그러므로 참회기도를 할 때야말로 생각을 잘하고 축원을 잘하고 마음을 잘 써야 한다.

그리고 복을 쫓아내는 말이나 행동을 하여서는 아니 된다. 곧 기도를 하면서 그릇된 생각과 말과 행동을 하여서는 참회기도의 결실인 행복과 자꾸만 멀어지게 될 뿐이다.

물론 참회기도를 하는 분들은 이를 잘 알고 있다. 특히 잘못을 뉘우치는 참회기도를 하면서 그릇된 행동을 하면 안 된다는 것을 아주 잘 알고 있다. 그러므로 여기에서는 행동에 대한 것은 생략하고, 마음가짐과 축원법을 중심으로 이야기를 풀어 가고자 한다.

  참회기도를 하는 이는 근본적으로 어떠한 마음자세를 갖추어야 하는가?
  간단하다. 진심으로 참회해야 한다. 진심으로 기도하고, 앞으로도 진심으로 살겠다는 생각을 늘 가지는 것이 우선되어야 한다.
  그리고 지나친 욕심으로 기도하면 안 된다. '잘못했다'는 참회보다 '~을 이루겠다'는 마음이 앞서서는 안 된다. 왜?
  욕심이 참회보다 앞서면 다시 그릇된 길로 들어서고, 탐욕의 불길 속으로 뛰어들게 되기 때문이다.

  오히려 참회기도를 하면서 상대방과 다른 이의 행복을 축원해 주는 자세를 갖추어야 하고, 자비심을 키워가야 한다.

왜냐하면 다른 이를 향한 축원과 자비심이야말로 잘못된 인연의 매듭을 풀고 자타를 함께 성취시키며, 이 세상을 불국토로 만드는 원동력이 되기 때문이다.

물론 이 축원에 대해 어떤 이는 되물을 것이다.

'지금 참회하고 기도하는 나의 문제만 해도 큰데, 어떻게 다른 이를 위해 축원해?'

그렇다. 다른 이를 위한 축원이 쉽지 않을 것이다. 크고 다급한 문제가 생겨 기도하는데, 다른 이를 위해 축원을 할 여유가 있겠는가?

가령 병이 깊어 기도를 한다면 처음에는 '하루빨리 건강한 몸이 될 수 있게 해 주십사'하는 나의 축원에 몰두하는 것이 마땅하다.

그러나 기도의 자리가 잡히면, 과거의 죄업을 참회하는 일이 중요하다는 생각이 들어 '알게 모르게 지은 모든 죄를 참회한다'는 원을 곁들이게 되고, 더 지나면 다른 사람들을 생각하는 여유까지 생겨나게 된다.

이러한 여유가 생겨날 때가 되면 자신의 소원성취를 위한 기도에만 몰두하지 말고, 다른 이의 행복을 위한 축원을 아끼지 말아야 한다.

가령 법당에서 기도를 한다면, '여기 모인 대중 모두가 불보살님의 가피를 입어 소원을 성취하여지이다'라는 축원을 기도 끝에 덧붙여 보라.

또 병원에 있다면, '이곳의 모든 환자들이 하루빨리 쾌유될 수 있도록 자비의 빛과 감로수를 내려주옵소서.'라는 축원을 해보라.

이렇게 나만을 위한 가피가 아니라 모든 이들에게 가피가 임하도록 축원하는 마음가짐을 가질 때, 나의 기도성취는 훨씬 빨리 이루어진다.

왜? 이 법계의 원리가 그러하기 때문이다. 이 법계의 이치가 그러하기 때문이다.

이타심과 이타행

 이 법계에는 행복이 가득 충만되어 있다. 그 복은, 단순한 인과응보의 복이 아니라 써도 써도 다함이 없는 복으로, 누구든지 이 복을 끌어다가 쓸 수가 있다.
 하지만 이 복은 나에게로 그냥 찾아오는 것이 아니다. 이타利他! 두루 남을 위하는 큰마음을 지녀야만 이 복을 수용할 수 있다.
 자신의 이기심이나 눈앞의 이익만을 따르지 않고, 중생과 함께하는 축원을 마음에 품고 살면, 가족은 물론이요 나에게도 흠뻑 복이 찾아들게 된다. 왜냐하면 자비심 깊은 축원이 강하면 강할수록 불행의 원인인 이기심이 그만큼 빨리 무너져 내리기 때문이다.

나의 이기심이 잦아들고 나의 벽이 무너져 내리면 대우주의 무한 행복은 저절로 나에게로 깃들게끔 되어 있다.

나만의 풍선 속에 갇혀서 행하는 기도와, 풍선이 탁 터져 법계(허공)와 하나가 된 상태에서 행하는 기도의 결실이 어찌 같을 수 있으랴?

이렇게 '나만이 아닌 다른 사람을 위한 축원'을 생활화하게 되면, 나로 하여금 업장을 짓고 쌓도록 만든 이기심이 차츰 사라지고, 이기심이 사라지면 업장이 저절로 녹게 된다.

그리고 내가 축원을 하는 그곳에는 불보살님의 자비광명이 충만하게 되고, 좋은 기운들이 모여 복된 일들이 넘쳐나게 된다.

남의 행복을 위한 한마디의 짧은 축원.
정녕 이것이 어려운 일인가? 아닐 것이다. 마음

의 문이 닫혀있기 때문에 하지 못할 뿐이다. 마음의 문을 열어 축원을 해보라. 축원을 하고, 하지 않는 차이의 결과는 하늘과 땅만큼 벌어진다.

　기도를 할 때, 꼭 주위의 사람들과 일체중생의 행복을 축원해 주도록 하자.

"모든 이들이 부처님의 대자비광명 속에서 늘 건강하고 지혜롭고 평화롭고 행복하여지이다."

　이러한 축원은 많은 시간 동안 하지 않아도 된다. 참회기도를 할 때마다 '나'의 축원 끝에 곁들여서 한 차례씩 세 번만 염하면 된다.

　이러한 축원이 나의 그릇된 인연의 매듭을 풀어주고 업장을 녹인다. 우리들 주위를 바꾸고 이 세상을 바꾸어 간다는 것을 명심하시어, 꼭 축원을 해 주기를 간곡히 당부드린다.

이제 이 축원과 행복의 원리를 새겨, 맑고 밝고 큰 기도를 하고자 노력해보라.

내가 비록 어렵더라도, 참회하는 마음으로 능력껏 남을 위해 베풀 수 있는 사람.
마음처럼 일이 풀리지 않을 때, 우울해지거나 역정을 내기보다는 명랑함과 용기를 잃지 않는 사람.
조급하게 나아가기보다는 기다릴 줄 아는 사람.

이렇게 마음을 넉넉하게 쓰는 사람에게는 만복萬福이 저절로 찾아오기 마련이다.
마음을 잘 써서 손해 볼 일은 결코 일어나지 않는다. 일어난다고 하여도 기껏 지난 빚을 갚는 것일 뿐이다.
인생살이란 결코 손해 보는 장사도 남는 장사도 아니다. 늘 본전치기 장사일 뿐이다.

남을 이롭게 하는 이타심利他心은 법계심法界心, 곧 이 대우주법계의 마음이다. 부디 넉넉한 마음으로 남을 위해 축원하고 기도하는 불자가 되어보자. 나의 굴레를 벗어버리고 남을 살리는 축원을 키우며 살아갈 때 기도성취는 빨라지고, 진정한 행복은 저절로 나의 것이 된다.

 이제까지 말한 내용을 다시 한마디로 요약하면, '자비심을 품고 참회기도를 하라'는 것이다. 나만의 행복을 바라는 이기적인 기도가 아니라, 자비심 깊은 참회기도를 하라는 것이다.
 모든 불행의 원인이 아상과 이기심이었고, 그 이기심으로 말미암아 현재의 업을 받아 참회기도를 하고 있는데, 또 아상과 이기심을 부려서야 언제 행복을 만끽할 수 있겠는가?
 이기심을 부술 최상의 무기는 자비심이고, 자비심이 있어야 남을 위한 축원을 할 수가 있다.

비록 지금 남을 위해 축원을 하는 우리의 힘은 그다지 크지가 못하지만, 불보살님을 의지하여 참회하고 기도하는 것이지만, 자비심 깊은 축원을 하고 또 하다 보면 크나큰 힘이 생겨나게 된다.

한 방울의 물은 힘이 되지 못하지만, 방울방울의 물이 모이고 또 모이면 큰 강과 바다가 되며, 강이 되고 바다가 되면 능히 만물을 포용하고 살릴 수가 있다.

한 방울의 물과 같은 우리의 축원도 거듭거듭 발하면 마침내는 강이 되고 바다가 된다는 것을 잊지 말고, 끊임없이 대자비의 축원을 발하여야 한다.

지금 사랑 속에 있으면 서로를 살리는 사랑을 더욱 키워가고, 행복 속에 있으면 행복을 나누어 주고, 슬픔과 불행 속에 있으면 슬픔과 불행을 넘어서는 자비의 기도와 축원을 하면서 살아가야 한다.

참회기도로 나만의 행복을 구하는 것이 아니라, '남을 이롭게 하고 뭇 생명 있는 이들을 살리겠다'는 자비심을 품고 자비로운 기도를 행하면, 그 결과는 지금의 고통에서 구원을 받는 수준이 아니라, 큰 깨달음을 이루는 대해탈로 이어지게 되는 것이다.

'자비무적慈悲無敵'이라는 말이 있듯이, 자비심 앞에서는 고난이나 죄업 등의 무서운 장애들이 맥을 쓰지 못한다.

'내 코가 석 자인데 자비심은 무슨 자비심!'

만약 이러한 마음을 품고 기도를 하면, 업장소멸이나 소원성취는 점점 더 멀어지고 업장이 더욱 나를 옥죄이게 된다. 얼마만 한 자비심을 갖느냐에 따라 나의 인생 활로가 달라지느니만큼, 꼭 자비심을 품고 참회기도를 하시기 바란다.

끝으로, '부처님을 잘 받들고 모시며 살겠다. 불법승 삼보를 잘 받들고 따르며 살겠다'는 다짐을 꼭 하실 것을 청하여 본다. 비록 대자비심을 불러일으키거나 자비의 행은 못 할지라도 이것만은 꼭 명심하여, 부처님 전에 삼배를 올리면서 서원해 보라.

"부처님을 잘 모시고 살겠습니다.
부처님을 잘 모시고 살겠습니다.
부처님을 잘 모시고 살겠습니다.
불법승 삼보를 잘 받들며 살겠습니다.
불법승 삼보를 잘 받들며 살겠습니다.
불법승 삼보를 잘 받들며 살겠습니다."

나는 기도 끝에 반드시 이 서원을 염한다.

꼭 기억하라. 부처님과 삼보만 잘 받들고 모셔도 기도성취와 행복이 저절로 따라오게 되고, 갖가지 좋은 일들이 '우리'와 함께하게 된다.

부디 '부처님 잘 모시고 삼보를 잘 받들겠다'는 서원을 꼭 발하시기를 간곡히 당부드린다.

나무마하반야바라밀.

제4장
이참법과 큰 깨달음

원효스님은 인생의 긴 꿈
윤회의 긴 꿈에서 깨어나자고 하셨다.
그리고 그 꿈은 몽관夢觀을 통해
삼매三昧를 이룸으로써 깨어날 수 있으며
그 결과 나고 죽음이 없는
불생불멸의 무생법인을 얻게 된다고 하셨다.
이제 우리는 두려워할 것이 없다.
오직 해야 할 일은 참회이다.
진심으로 참회하고
거듭 깨어나고자 하면서 몽관을 닦아 가면
삼매를 얻고 '부처'를 이룰 수 있게 되는 것이다.

이참법理懺法

죄는 본래 자성이 없다

참회는 크게 사참事懺과 이참理懺으로 나누어지는데, 이제까지 우리는 사참에 대해 살펴보았다.

사事, 곧 몸과 말과 생각으로 지은 죄업을 불보살님의 가피에 의지하여, 절·염불·경전독송·다라니염송·참회문 낭독·오회참법·자비축원 등을 실천하면서 참회하는 것은 모두 사참에 속한다.

이에 반해 이참은 이理, 곧 진리에 입각한 참회법으로, 본래의 마음자리에서 볼 때 모든 죄에는

'본래의 고유한 자성自性이 없다[本來無性^{본래무성}]'는 것을 꿰뚫어 봄으로써 참회를 이루는 것이다.

> 오랜 세월 쌓인 죄업
> 한 생각에 없어지니
> 마른 풀이 타 버리듯
> 남김없이 사라지네
> 百劫積集罪 一念頓蕩盡
> 如火焚枯草 滅盡無有餘

『천수경』의 이 게송은 이참을 노래한 것이다. 과연 다생다겁 동안 쌓아온 무수한 죄업들을 한 생각에 문득 모두 없앨 수 있는 것일까?

그렇다. 이것은 분명한 사실이다.

백 겁 동안 쌓아온 죄업은 우리의 앞길을 막는 캄캄한 어두움이다. 그 어두움을 빗자루로 쓸어

내려고 하면 아무리 노력해도 없어지지 않는다. 그러나 태양이 떠오르거나 전깃불이 켜지는 순간, 그 어두움은 흔적도 없이 사라진다.

또 풀을 하루에 열 짐씩 베어 백 년을 쌓아 두었더라도, 마른 풀에 강한 불길이 닿으면 순식간에 확 타올라 남김없이 태워버리는 것과 같이, 다생다겁 동안 쌓은 죄업을 일시에 소멸시킬 수 있는 것이 이참의 도리이다.

이참법은 달리 관찰실상참회觀察實相懺悔라고 하는데, 우리의 근본 마음자리가 어디에서나 어느 때에나 '때 묻지 않고 고요히 비어 있는 공적空寂'임을 관하게 되면 그 어떠한 죄업도 자취를 잃게 된다는 것이다. 곧 본래의 마음자리에서 보면 죄업 또한 공적에 불과할 뿐이다.

진정 죄업은 어디에서 생겨난 것인가? 죄업은 오직 중생의 마음에서 생겨난 것이다.

그리고 죄업에는 고유한 본성이 없다. 고유한 본성이 없기 때문에 오직 중생의 번뇌망상을 좇아 생겨날 뿐이다.

따라서 마음과 번뇌망상이 본래 공함을 체득하면 죄 또한 없어진다. 본래의 마음자리가 '고요히 비어 있음'을 관하게 되면 죄 또한 남아 있을 수가 없는 것이다. 이렇게 죄업의 본성이 '본래무생本來無生'이요 공임을 관찰하면 이참理懺, 곧 진짜 참회가 이루어지는 것이다.

이참으로 중죄를 면하게 한 유마거사

『천수경』에서는 이 이참의 도리를 다음의 게송으로 설하고 있다.

    죄의 자성 본래 없어 마음 따라 일어나니
    마음이~ 사라지면 죄도 함께 없어지네
    모든 죄가 없어지고 마음조차 사라져서
    죄와 마음 공해지면 진실한~ 참회라네

    罪無自性從心起 心若滅是罪亦忘
    罪忘心滅兩俱空 是卽名爲眞懺悔

이 게송은 『유마경』의 주인공인 유마거사維摩居士께서 설하신 것으로, 다음과 같은 사연이 깃들어 있다.

❀

 석가모니부처님 당시, 두 비구가 깊은 산 속에서 수행을 하고 있었다. 어느 날 한 비구의 누이동생이 오빠를 찾아왔을 때, 오빠는 출타를 하고 다른 한 비구만이 암자를 지키고 있었다.

 그 비구를 남몰래 사모하고 있었던 누이는 이 기회를 이용하여 한껏 유혹함으로써 그 비구를 파계시켰다. 모든 것이 끝난 다음, 자신이 파계승이 된 것을 깨달은 비구는 통곡을 하였고, 여인은 살그머니 도망을 쳤다.

 잠시 뒤 출타를 하였다가 돌아온 오빠는 전후 사정을 듣고 격분하여 누이동생을 찾아 나섰고, 바위에 앉아 쉬고 있는 누이를 발견하였다. 누이는 살기등등한 모습으로 달려드는 오빠가 무서워 뒷걸음질을 치다가 바위 아래로 떨어져 크게 다쳤다.

 이렇게 하여 교단에서 축출을 당하게 되는 네

가지 바라이죄波羅夷罪 중에 한 비구는 음행을, 한 비구는 상해죄를 범하고 만 것이다.

두 비구가 땅을 치며 잘못을 한탄하다가, 부처님의 제자 중 계율에 가장 밝은 우바리존자를 찾아가서 깊이 뉘우치며 죄를 면하는 방법을 물었다. 그러나 우바리존자는 그들의 파계를 계율대로 해설해 주면서 엄하게 질책을 했다.

그때 유마거사가 와서 말하였다.

"우바리여, 두 비구의 죄를 더 무겁게 만들지 마십시오. 그 죄를 제거하여 주지는 못할지언정 마음을 더 혼란하게 만들어서야 되겠소?"

그리고는 두 비구에게 죄에 대한 특이한 법문을 설한다.

"그대들이 지은 죄가 어디에 있습니까? 그 죄의 실체는 안에도 있지 않고 밖에도 있지 않고 중간에도 있지 않나니, 부처님께서 말씀하신 바와 같습니다.

마음이 더러우므로 중생이 더럽고, 마음이 청정하면 중생도 청정해집니다. 만약 마음이 모든 상相을 떠나 해탈하였다면 거기에 허물이 있습니까?"

"허물이 없습니다."

"일체중생의 마음에 허물이 없는 것도 그와 같습니다.

 망상이 허물이므로 망상만 없으면 청정하고, 전도顚倒(잘못되고 뒤바뀐 견해)가 허물이므로 전도가 없으면 청정하며, '나'를 취하는 것이 허물이므로 나를 취하지 않으면 청정합니다.

 일어났다가 사라지는 모든 것은 허깨비나 번갯불과 같아서 잠시도 머무르지 않습니다. 망상에서 생겨난 모든 것은 꿈과 같고 아지랑이와 같고 물에 비친 달과 같고 거울 속의 영상과 같습니다.

 이 도리를 잘 아는 이야말로 계율을 잘 받드는 사람이요, 참되이 참회를 이루는 사람이며, 깨달음을 얻은 사람이라고 불릴 수 있습니다."

이제까지 그 어디에서도 들어보지 못한 유마거사의 설법 속에서, '죄 그 자체에는 고유한 성품이 없다'는 죄무자성罪無自性의 도리를 깨달은 두 비구는 참회를 마쳤을 뿐 아니라, 해탈을 얻게 되었다.

§

유마거사께서는 '죄업은 망상이요, 망상은 꿈이나 아지랑이처럼 실체가 없고, 안에도 바깥에도 중간에도 있지 않다. 망상을 비워 청정한 마음을 회복해 가지면 그대로 참회를 마친다'는 요지의 법문을 설하셨다. 그리고 두 비구는 이러한 이치를 깨달아, 지옥에 떨어질 죄업으로부터 벗어났을 뿐 아니라, 도까지 이루었다.

바로 이것이 게송 속의 '죄망심멸양구공'이요, 죄의 실상을 관찰하여 참회를 마치는 이참법이다.

꼭 기억하기 바란다.

업장 때문에 밝게 살지 못하는 것은, 마치 본래 맑고 깨끗하던 거울에 먼지가 끼어 아무것도 비치지 않는 것과 같다. 따라서 망상의 먼지만 털어내면 모든 것이 환히 비치게 된다는 것을.

또, 어두움 자체가 본래 있는 것이 아니라, 광명이 없기 때문에 어두움 속에 있다는 것을.

마음이 어두워 광명이 없을 때는 어둡고 힘들고 괴롭고 죄가 뚜렷해지지만, 마음이 밝아져 광명이 드러나게 되면 어두운 죄업은 저절로 사라지게 된다는 것을.

이것이 이참법의 원리이다. 이 이참법의 원리에 따라 마음의 훈련을 쌓는다면 능히 진참회를 이루어 낼 수가 있다.

곧 모든 죄업의 원인이 되는 번뇌망상의 실체를 파악하여 마음을 비우고, 일어나는 탐욕과 분노와 어리석음과 교만·의심·고집 등의 번뇌를 훌훌 떨쳐 보라.

정녕 이참법의 원리에 따라 망상과 전도와 나에 대한 집착을 비우고 참된 모습이 무엇인지를 관찰하게 되면, 나쁜 인연들이 다가서지 못할 뿐 아니라 깨달음의 경지가 차츰 높아지게 된다.

그러나 반대로, '근본 마음자리에서 보면 죄가 붙을 수도 없고 죄라고 할 것도 없는데 무엇을 참회해?'라는 식의 자세를 갖는다면, 그 결과는 너무나 무섭게 다가온다.

신라의 원효스님께서는 말씀하셨다.

"수행하는 이가 자주자주 죄업의 실상實相을 사유하여 참회하면, 아무리 큰 죄라도 그를 어떻게 하지 못하게 되나니, 마치 허공이 불에 타지 않는 것과도 같다.

허나 방일하여 뉘우치지도 부끄러워하지도 않고

죄업의 실상을 사유하지도 않는다면, 비록 죄 자체가 본성은 없지만 장차 지옥에 떨어지게 되나니, 마치 꼭두각시 호랑이가 요술쟁이를 삼킴과 같으니라."

참회행자는 이 이참법의 가르침을 깊이 새겨서 부처님이 되는 길로 나아가는 참된 참회를 이루고, 참으로 편안하고 자유롭고 평화롭고 행복한 삶을 꾸려 가시기를 두 손 모아 축원 드린다.

대승육정참회와 이참법

스스로를 되돌아보는 것이 이참법

이제 이 나라 최고의 고승이셨던 원효元曉 스님의 참회에 대한 가르침을 집중적으로 공부해보도록 하자.

『금강삼매경金剛三昧經』에는 진참회(이참법)에 대한 아난존자의 물음과 부처님의 명쾌한 답이 수록되어 있다.

"어떻게 하는 것을 참회라 하나이까?"

"진실관(眞實觀)에 들면 모든 죄가 사라지느니라."

이러한 부처님의 말씀을 원효스님은 보다 구체적으로 풀이하고 있다.

"모든 죄업은 망상으로부터 생겨나므로, 지금 허망한 상(相)을 파하는 진실관(眞實觀)에 든다. 그리하여 일체의 망상 경계를 일순간에 파하게 되면 모든 죄가 일시에 사라진다."

이 말씀은, 죄업을 참회하고자 하는 이가 진실관에 들어서 일체의 망상을 파하게 되면 모든 죄업이 일시에 소멸된다는 것이다.

물론 이와 같은 이참법은 보통 사람들이 쉽게 행할 수 있는 참회법이 아니다. 그렇지만 이 이참법의 원리에 따라 마음의 훈련을 쌓게 되면 능히 좋은 결과를 이루어 낼 수가 있다.

곧, 모든 죄업의 근원이 되는 망념의 실체를 파악하고 마음을 비우는 것이다. 일상생활 속에서 어떤 충동을 느끼거나 시비 또는 좋지 않은 일을 당하였을 때 다음과 같이 생각해 보자.

"진실이 아닌 것은 흘러간다. 한 걸음만 늦추자."
"모든 것은 그렇게 되게끔 되어 있다. 일도 할 만큼 할 수 있고 성취도 될 만큼 될 뿐이다. 굳이 애착을 갖고 시비할 것이 무엇이랴."
"나를 망치는 것은 나의 망상! 망상을 비울 때 참된 것은 나에게로 다가온다."

이렇게 생각하며 일어나는 탐욕과 분노와 어리석음의 번뇌들과 이기심을 훌훌 떨쳐버려야 한다.

그리고 또 한 가지 방법이 있다. 참된 나를 관

하는 진실관을 닦는 것이다. 이 진실관을 닦는 것은 어려운가? 아니다. 생각보다 매우 쉽다.

어떻게 참된 나를 관하는가?

'이 무엇고?'를 하면 된다.

'생각하고 말하고 행동하는 주인공이 무엇인가?' 하면서 되돌아보는 것이다. 생각 속에서 각종 감정이 일어날 때, 탐진치貪嗔癡 삼독三毒이나 십악十惡을 따라가는 것이 아니라, 나의 참된 근원으로 돌아가는 것이다.

정녕 이참법의 원리에 따라 망상을 비우고 진실관에 젖어 들면, 나쁜 인연들이 다가서지 못할 뿐아니라, 깨달음의 경지와 차츰 가까워지게 된다.

대승육정참회

이제 이 이참법을 구체적으로 설하신 원효스님의 대승육정참회법을 함께 살펴보자.

참회행자는 마땅히 육정(六情)의 방일(放逸)을 참회해야 한다. 우리 중생들은 시작 없는 옛적부터 제법(諸法)이 본래무생(本來無生)임을 깨닫지 못하고, 망념에 의해 전도되어 '나'와 '내 것'을 고집하고 분별하여 왔다.

그 결과 안으로는 육정(六情)을 세워 갖가지 분별의식을 일으키고, 바깥의 육진(六塵)이 실재하는 것이라고 고집하며 살아가고 있다.

그러나 이 모두는 스스로의 마음이 지어낸 것으로, 그림자나 꿈과 같아서 영원히 존재함이 없다. 하지만 그 가운데에 집착하여 남녀(男女) 유무(有無) 등의 상대적인 것을 분별한 다음 갖가지 번뇌를 일으킨다.

그리고 그 번뇌로 스스로를 결박하는 업을 지어 오래도록 고해苦海에 빠져 있으면서도 요긴히 고해를 벗어나려 하지 않는다. 가만히 생각해 보면 참으로 괴이한 일이다.

이상은 원효대사께서 중생들이 죄업을 짓고 고해에 빠진 까닭을 아주 함축성 있게 정리한 글이다.

'대승육정참회'의 육정六情은 우리의 감각 기관인 눈[眼]안·귀[耳]이·코[鼻]비·혀[舌]설·몸[身]신·마음[意]의을 지칭하는 육근六根의 다른 말이다. 이 육정이 모양[色]색·소리[聲]성·냄새[香]향·맛[味]미·감촉[觸]촉·법法의 육진六塵을 받아들여 고뇌와 갈등을 일으키고 죄업을 짓는 것이다.

그러므로 스스로의 감각기관인 육정을 잘 다스리지 못하면 진정한 참회가 이루어지지 않는다는 것을 밝힌 글이 〈대승육정참회〉이다.

원효스님께서 설하신 위의 말씀은 네 부분으로 나누어 정리할 수 있다.

① 본래무생本來無生임을 깨닫지 못함
② 그릇되이 전도되어 '나'와 '내 것'을 강조함
③ 남녀·유무 등의 상대적인 생각 속에서 갖가지 번뇌를 일으킴
④ 스스로를 결박하는 업을 지어 고해에 빠짐

이 네 단계를 『대승기신론』에서는 본각本覺에서 불각不覺으로 흘러가는 '유전流轉'의 과정으로 설명하고 있다.

본각本覺이란 어떠한 상황에서도 오염되거나 변하지 않는 참되고 한결같은 마음자리이다. 곧 바다와 같은 것이다.

그러나 그 바다에 홀연히 무명풍無明風이 불기 시작하면 파도라는 동요의 모습이 나타나기 시작

한다. 그 결과 중생은 파도에 휩싸여 갖가지 업을 짓고 괴로움에 빠져들게 되는데, 그 동요와 고통 받는 상태를 '불각不覺'이라고 한다.

그리고 이 불각의 상태로부터 다시 본각으로 되돌아가는 '환멸還滅'의 과정을 '시각始覺'이라고 하며, 그 과정을 네 단계로 표현하고 있다.

위의 원효스님 말씀은 본각·불각·시각의 관계 중, 본각에서 불각으로 흘러가는 과정을 나타낸 것이다. 조금 더 상세히 이야기해보자.

① '제법이 본래무생本來無生'이라는 것은 본각에 해당한다.

② 그러나 무명의 바람에 의해 동요되기 시작한 중생은 '나'와 '내 것'에 집착을 한다. 그리하여 나를 올바로 알지 못하는 어리석음〔我癡〕, 나의 고집〔我見〕, 나에 대한 사랑〔我愛〕, 나의 교만〔我慢〕에 빠져 남들과 담을 쌓는다.

③ 이렇게 하여 육정六情(나)과 육진六塵(대상)의 싸움은 시작된다. 나에게 맞으면 취하려 하고〔貪〕, 나에게 맞지 않으면 성을 내며〔瞋〕, 맞고 맞지 않음에 따라 많은 어리석은 생각들을 일으킨다〔癡〕. 그리고 내가 잘났다는 생각〔慢〕과 상대에 대한 의심〔疑〕과 내가 옳다는 고집〔見〕을 더욱 키워가는 것이다.

※이상의 '아치·아견·아애·아만'의 네 가지와 '탐·진·치·만·의·견'의 여섯 가지는 우리의 번뇌를 꿰뚫어 보는 데 매우 유익한 단어이므로, 이 기회에 꼭 익혀두기를 당부드린다.

④ 이와 같이 마음이 그릇 흘러 마침내는 살생·도둑질·음행 등을 행하고, 거짓말·나쁜 말·이간질하는 말·아첨하는 말 등을 내뱉어서, 그 과보로 갖가지 고통을 받는 고해로 빠져들게 되는 것이다.

꿈에서 깨어나라

그럼 어떻게 하여야만 죄업을 벗어버리고 완전히 해탈할 수 있는가?

원효스님은 나의 감각기관인 육정과 감각의 대상이 되는 육진이 그림자나 꿈과 같은 줄을 알지 못하는 데서부터 죄업이 비롯된다고 보았다.

그러므로 육정과 육진을 잘 다스리게 되면 죄업이 사라지고, 이들을 잘 다스리려면 모든 것이 꿈과 같은 줄을 깨달아야 한다고 주장하면서, 꿈의 비유를 들어 이를 설명하고 있다.

① 이는 마치 잠을 자다가 스스로의 몸이 큰물에 빠져 떠내려가는 꿈을 꾸고 실제처럼 느끼는 것과 같다. 허나 이것이 단지 몽심(夢心)이 지어낸 것임을 알지 못하기 때문에 실제로 물에 빠진 줄 알고

매우 두려워한다.

② 그러나 그 꿈에서 깨어나지 못한 상태라 할지라도 문득 또 다른 꿈을 꾸어서, '내가 지금 보고 있는 것은 꿈일 뿐 현실이 아님'을 알 수가 있다. 이렇게 마음이 총명하면 꿈속에서 꿈인 줄을 깨달을 수가 있고, 자연히 큰물에 빠진 것에 대해 두려워하지 않게 된다.

③ 그렇지만 아직 제 몸이 침상 위에 누워있음을 알지는 못한다. 그러므로 부지런히 머리를 움직이고 손을 움직여서 완전히 깨어나기를 구하여야 한다.

④ 이렇게 하여 완전히 깨어났을 때 앞서 꾼 꿈을 살펴보면 어떠한가? 큰물과 떠내려가던 몸은 있지가 않다. 오직 보이는 것은 고요한 침상 위에 누워있는 본래의 모습뿐이다.

원효스님은 『기신론소』에서, 불각의 상태에서

본각으로 돌아가는 시각始覺의 네 단계를 설명할 때도 이 꿈의 비유를 인용하고 있다.

시각의 네 단계는 불각不覺→상사각相似覺→수분각隨分覺→구경각究竟覺이다. 먼저 이 네 가지 각覺부터 살펴보자.

① 불각不覺은 전혀 깨닫지 못한 상태로, 범부가 인과의 도리를 믿어 살생·도둑질·음행·망어 등을 짓지 않겠다고 결심하는 단계이다.

② 상사각相似覺은 유사한 깨달음, 곧 죄업의 직접적인 원인이 되는 탐貪·진瞋·치癡·만慢·의疑·견見이 하잘것없다는 것을 깨닫고, 표면적으로 나타나는 망상들을 없애가는 단계이다.

③ 수분각隨分覺은 깨달음에 차츰 가까워지고 있는 단계이다. 표면적인 망념을 일으키게 되는 근본 원인이 마음속에 잠재되어 있는 '나'와 '내 것'에 대한 집착에서 비롯되었음을 깨닫고, 나를

올바로 알지 못하는 어리석음[我癡아치]·나의 고집[我見아견]·나에 대한 사랑[我愛아애]·나의 교만[我慢아만]을 없애는 단계이다.

④ 구경각究竟覺은 주객을 분리시키는 원초적인 무명의 충동력[無明業力무명업력]까지를 완전히 다스려, 티끌만큼도 그릇됨이 없는 진여眞如의 마음을 회복해 가지는 완전한 깨달음이다. 곧 부처님의 깨달음이 구경각인 것이다.

이 시각의 네 단계를 원효스님의 꿈 이야기에 대비시켜 보자.

① 큰물에 빠져 떠내려가는 것이 꿈인 줄 알지 못하고 두려워하는 것은 불각에 해당하고,
② 문득 다른 꿈을 꾸어 큰물에 떠내려가는 것이 꿈인 줄 아는 것은 상사각,
③ 제 몸이 침상에 누워있음을 깨닫지는 못하지

만 부지런히 몸을 움직이며 깨어나기를 구하
는 것은 수분각,
④ 완전히 깨어나 침상 위에 고요히 누워있는
본래의 모습을 보는 것은 구경각이다.

이상의 가르침을 통하여 죄업을 완전히 벗어나
는 진참회眞懺悔가 무엇인지를 느꼈을 것이다.
정녕 진정한 참회의 끝은 '나'의 껍질을 벗어던지
고 구경각을 이루는 것이다. '나'의 꿈에서 깨어나
구경각을 이룸으로써 원래의 본각을 회복하는 것
이다.

깨어나야 할 꿈! 그 꿈은 번뇌에 빠져 있고 죄
업에 둘러싸여 있는 우리들의 현실이다.
우리의 현실은 꿈일 뿐이다. 깨고 보면 실체가
없는 꿈에 불과하다.
꿈을 깨는 노력을 참회라고 본 원효스님께서는

한 걸음 더 나아가 참회의 끝과 해탈, 참회의 끝과 본각을 완전히 일치시키고 있다.

원효스님은 〈대승육정참회〉의 마지막 단락에서, 참회행자들에게 다음과 같이 닦아 참회를 마치고 해탈할 것을 당부하셨다.

이러한 긴 꿈과 같이, 중생들이 무명(無明)으로 마음을 덮어 헛되이 육도(六道)를 만들고, 여덟 가지 괴로움〔八苦〕을 받으며 육도를 흘러 다녔다.
이제부터는 안으로 모든 부처님의 부사의한 훈습(薰習)을 인(因)으로 삼고, 밖으로 모든 부처님의 대비원력(大悲願力)에 의지하여, 다음과 같이 믿고 닦아야 한다.

"나와 중생들이 긴 꿈의 잠에 빠져들어, 헛된 계교로써 진실을 삼고, 육진 경계와 남녀 등의 상대적인 것들에 대해 어긋난다·맞는다고 고집하였다.

그러나 이 모두가 한낱 나의 꿈일 뿐, 영원히 실(實)다운 것이란 없다. 무엇을 기뻐하고 무엇을 슬퍼하며, 무엇을 탐하고 무엇을 분노할 것인가?"

이와 같이 거듭거듭 사유하여 꿈임을 관하는 몽관(夢觀)을 점차로 닦아가면 여몽삼매(如夢三昧)를 이루게 되고, 이 삼매로 말미암아 무생법인(無生法忍)을 얻게 된다.

이렇게 긴 꿈을 깨워서 확연히 깨닫고 보면, 본래부터 전혀 흘러 다닌 일 없이 오로지 일심(一心)의 한 침상 위에 누워 있었음을 알 수 있게 된다.

참으로 이와같이 거듭거듭 사유를 하면, 비록 여섯 티끌인 육진(六塵)이 다시 일어난다 할지라도 실다운 것으로 삼지 않게 되고, 번뇌를 부끄러이 여겨 스스로 방일하지 않게 되나니, 이것을 이름하여 '대승육정참회'라고 하느니라.

이 맺는말에서 원효스님은 인생의 긴 꿈, 윤회의 긴 꿈에서 깨어나자고 하셨다.

그리고 그 꿈은 몽관夢觀을 통한 여몽삼매如夢三昧를 이룸으로써 깨어날 수 있으며, 그 결과 나고 죽음이 없는 불생불멸不生不滅의 무생법인을 얻게 된다고 하셨다.

삼매! 원효스님은 『기신론소』에서, '중생들이 삼매에 들지 못하기 때문에 계속 허물을 범한다'고 깨우쳐 주셨다.

모든 수행자에게 있어 삼매는 참으로 중요한 것이다. 삼매를 이루느냐 못 이루느냐에 따라, 부처의 자리로 올라서느냐 흘러 다니는 중생의 삶을 계속하느냐가 판가름 지어진다.

그러므로 원효스님께서는 삼매를 이루기 위해 끊임없이 정진하라고 하셨다.

끊임없이 '몽관'을 관하다 보면 문득 여몽삼매

에 들게 되고, 삼매에 들면 본래 무생無生임(생사가 없음)을 깨닫게 되는 무생법인無生法忍을 성취한다는 것을 주창하신 것이다.

물론 이러한 여몽삼매에 드는 것은 참회하는 그 당사자의 힘만으로 이루어지는 것이 아니다. '안으로 모든 부처님의 부사의한 훈습을 인因(씨앗·근본)으로 삼고, 밖으로 모든 부처님의 대비원력에 의지해야 한다'고 하셨다.

이 말씀은 불보살님들께서 대비원력과 수행력과 지혜의 힘 등으로 언제나 중생들을 보살피고 있기 때문에, 불보살님의 힘 덕분으로 보다 쉽게 삼매에 들어 참회를 이룰 수 있게 된다는 가르침이다.

원효스님은 당신의 저서인 『무량수경종요』에서, 불보살님의 참회행자에 대한 큰 보살핌을 비유를 들어 설명하고 있다.

"비유하면 천 년 동안 성을 쌓아 그 높이가 백 리나 된다 할지라도, 콩알만 한 불로써 하루 동안 다 태워버리는 것과 같다.

또 앉은뱅이가 스스로의 힘으로는 아무리 부지런히 나아가도 여러 날 만에 1유순(由旬) 이상 갈 수 없지만, 남의 배를 타고 가게 되면 바람의 힘으로 하루 동안 천릿길도 갈 수 있는 것과 같다."

정녕 모든 불보살님의 자비는 끝이 없다. 그 불가사의한 지혜와 자비와 행원력으로 우리를 은근히 보살펴 주실 뿐 아니라, 깨달음의 향기에 젖게 하신다.

이제 우리는 두려워할 것이 없다. 오직 해야 할 일은 참회이다. 진심으로 참회하고 거듭거듭 깨어나고자 하면서 몽관을 닦아 가면 여몽삼매를 얻고, 모든 불자의 최종목표인 '부처 되는 일'을 이룰 수 있게 된다.

"쉬지 않으면 마침내 이루어지느니라."

 열반 직전의 부처님께서 마지막으로 남기신 이 말씀을 새기면서, 부지런히 사참법과 이참법을 닦아 대자재와 대행복을 우리의 것으로 만들어 보자.
 참회는 맺힌 것을 풀고, 참회는 덧없는 꿈을 깨우고, 참회는 대해탈과 무한행복을 안겨주나니….
 부디 모든 분들께서 진참회를 이루어 성불하시기를 깊이깊이 축원드리면서, 불교에서 참으로 중요시 여기는 참회에 대한 글을 마감하는 바이다. 읽어주신 분들께 두손 모아 감사드리며….
 나무마하반야바라밀.

김현준 원장의 기도 관련 불서

광명진언 기도법 / 일타스님·김현준　　　신국판 180쪽 6,000원
광명진언 기도를 널리 펴고자 일타스님과 김현준 원장이 함께 저술한 책. 광명진언 속에 새겨진 참의미와 바른 기도법, 빠른 기도성취법 등을 자상하게 설하고, 유형별 기도성취 영험담을 다양하게 수록하였으며, 누구나 보기 쉽도록 큰활자로 발간하였습니다. 광명진언을 외우면 행복과 평화, 영가천도, 소원성취를 이룰 수 있습니다.

신묘장구대다라니 기도법 / 우룡스님·김현준　신국판 208쪽 7,000원
신묘장구대다라니를 외우면 생겨나는 가피와 공덕, 기도의 방법과 주의할 점, 우룡스님이 들려주는 14편의 영험담, 대다라니의 근본경전인 『무애대비심다라니경』을 수록하고 있는 이 책을 읽고 자신있게 기도하면 심중 소원의 성취와 기적같은 체험도 할 수 있습니다.

관음신앙·관음기도법 / 김현준　　　　　신국판 240쪽 9,000원
관음신앙의 뿌리에서부터 관세음보살의 구원능력, 주요경전속의 관음관, 11면관음·천수관음·32응신·33관음 등 자비관음의 여러가지 모습, 일심칭명 일념염불의 관음기도법, 독경사경 기도법, 다라니 염송 기도법 등을 자세하고도 알기 쉽게 풀이하였습니다.

미타신앙·미타기도법 / 김현준　　　　　신국판 160쪽 6,000원
아미타불의 참 모습에서부터 극락에서 누리는 행복, 칭명염불·오회염불·관상염불·천도염불 등의 각종 염불수행법과 함께 임종하는 이를 위한 의식과 49재 기간의 행법 등을 자세히 밝히고 있습니다. 불교신앙의 결정판으로, 꼭 1독해야 할 책입니다.

지장신앙·지장기도법 / 김현준　　　　　신국판 192쪽 7,000원
지장신앙 속에는 영가천도뿐만이 아니라 현세에서의 행복과 깨달음, 성불의 비결까지 간직되어 있습니다. 이에 준하여 대원본존 지장보살의 중생을 구제, 영가천도기도법, 자녀를 위한 기도, 평온한 삶을 위한 기도, 소원 성취와 고난 극복을 위한 기도 등을 자세히 설명하고 있습니다.

불교의 자녀사랑 기도법 / 김현준　　　　신국판 160쪽 6,000원
자녀들을 정말 잘 사랑할 수 있는 방법을 부처님의 가르침에 의지하여 쓴 책입니다. 자녀 교육 방법, 자녀를 위한 기도법과 함께 부모님께 효도해야 하는 까닭도 수록하였습니다.

기도성취 백팔문답 / 김현준　　　　　　　　　　신국판 240쪽 9,000원
참회·참회기도법 / 김현준　　　　　　　　　　　신국판 160쪽 6,000원
참회와 사랑의 기도법 / 김현준　　　　　　　　　신국판 192쪽 7,000원

● 읽기 쉽고 이해하기 쉬운 큰활자 한글 경전 ●

제목	판형	쪽수	가격
법화경(양장본) / 김현준 역	전1책 4×6배판	520쪽	25,000원
법화경(무선제본) / 김현준 역	전3책 4×6배판	550쪽	22,000원
금강경 / 우룡큰스님 역	4×6배판	112쪽	5,000원
원각경 / 김현준 역	4×6배판	192쪽	8,000원
유마경 / 김현준 역	4×6배판	296쪽	12,000원
승만경 / 김현준 역	4×6배판	144쪽	6,000원
아미타경 / 김현준 편역	4×6배판	92쪽	4,000원
무량수경 / 김현준 역	4×6배판	176쪽	7,000원
약사경 / 김현준 역	4×6배판	100쪽	4,000원
관음경 / 우룡큰스님 역	4×6배판	96쪽	4,000원
지장경 / 김현준 편역	4×6배판	208쪽	8,000원
보현행원품 / 김현준 역	4×6배판	112쪽	5,000원
천지팔양신주경 / 김현준 역	4×6배판	100쪽	4,000원
밀린다왕문경 / 김현준 편역	신국판	208쪽	7,000원
자비도량참법(양장본) / 김현준	4×6배판	528쪽	25,000원
육조단경(덕이본) / 김현준 역	4×6배판	208쪽	8,000원
선가귀감 / 서산대사 저 김현준 역	4×6배판	136쪽	6,000원

● 신행과 포교를 위한 휴대용 불서 ●

제목	판형	쪽수	가격
행복과 성공을 위한 도담 / 경봉스님	4×6판	100쪽	3,500원
일상기도와 특별기도 / 일타스님	4×6판	100쪽	3,500원
불교예절입문 / 일타스님	4×6판	100쪽	3,500원
행복을 여는 감로법문 / 일타스님	4×6판	100쪽	3,500원
불자의 삶과 공부 / 우룡스님	4×6판	100쪽	3,500원
불성 발현의 길 / 우룡스님	4×6판	100쪽	3,500원
광명진언 기도법 / 일타스님·김현준	4×6판	100쪽	3,500원
보왕삼매론 풀이 / 김현준	4×6판	100쪽	3,500원
바느질하는 부처님 / 김현준 엮음	4×6판	100쪽	3,500원

법보시를 원하시는 분은 출판사로 연락 주십시오. 할인혜택을 드립니다.
전화 02-587-6612, 582-6612 팩스 02-586-9078